LES
DONS

NATURELS ET SPIRITUELS

SAMUEL COPPIETERS

ÉDITIONS
IMPACT

230 rue Lupien,
Trois-Rivières (Québec)
Canada G8T 6W4

© 1998 par Publications Chrétiennes, Inc.

Publié par : Éditions Impact
230, rue Lupien
Trois-Rivières
(Québec) Canada
G8T 6W4
Tous droits réservés

Dépôt légal – 4e trimestre 1998
ISBN : 978-2-89082-000-5

Dépôt légal : Bibliothèque et Archives nationales du Québec
Bibliothèque et Archives Canada

Sauf où indiqué autrement, les passages bibliques sont tous
extraits de la Bible Second *Nouvelle Édition de Genève,* 1979

Remerciements

Je dois remercier plusieurs personnes pour leur aide dans la réalisation de cet ouvrage. Tout d'abord mon fils Joël, qui en voyait la nécessité dans son propre ministère et a relu mon texte anglais. John MacArthur qui après avoir lu mon premier jet en langue anglaise m'a encouragé à aller de l'avant et m'a fait quelques bonnes suggestions. Et par-dessus tout, mon vieil ami et mentor de ma jeunesse, Norman Buchanan, qui lui aussi voyait la nécessité d'un tel ouvrage, et pour qui la lecture et la relecture du texte ont été parmi les dernières choses qu'il a faites ici-bas avant de nous quitter pour la maison du Père. Ses excellentes suggestions sur la forme, bien qu'elles aient été faites pour le texte anglais, s'appliquaient tout autant au texte français, qui est, en fin de compte, le premier à sortir de presse. Je remercie aussi, pour son aide et ses conseils, Douglas Virgint, l'éditeur des Éditions Impact, et mes collègues dans l'œuvre du Seigneur, Arnold Reynolds et Jean-Paul Berney pour leurs suggestions. Le texte anglais, presque final, a également été relu par Earl Radmacher qui m'a également fait d'excellentes suggestions. Merci à lui aussi.

Je m'empresse d'ajouter qu'en mentionnant tous ces frères, je ne cherche nullement à communiquer l'impression qu'ils étaient en tout point d'accord avec tout ce que j'ai écrit. Le tout premier, John MacArthur, n'a lu qu'un premier jet très succinct, dans lequel je traitais presque exclusivement de la question de ne pas prendre les dons naturels pour des dons spirituels. C'est à sa suggestion que j'ai étendu mon étude, mais il n'a pas revu ce que j'ai écrit ensuite. Les autres en ont vu plus, et ils ont aimablement fait leurs suggestions. J'ai évalué ces suggestions et gardé celles qu'il m'a semblé devoir garder. Autrement dit, aucun de ces frères n'est responsable des défauts de mon ouvrage, mais ils le sont tous d'un bon nombre de ses qualités. Et je ne peux certes pas oublier ma chère Ida, ma compagne de ministère, qui est toujours la première dont je recherche la réaction à ce que j'écris. Malgré toutes ses autres tâches, elle relit, souvent plusieurs fois, tout ce que j'écris et réécris, et me permet ainsi de donner l'impression que mon orthographe est bien meilleure qu'elle ne l'est vraiment (les logiciels de correction orthographique ne me permettent pas encore de me passer de son aide).

Samuel Coppieters, été 1998

À mon fils *Joël*, qui est devenu un meilleur serviteur de Dieu, parce qu'il a su distinguer ses dons naturels de ses dons spirituels.

Introduction

Durant la partie d'une émission télévisée évangélique où les auditeurs pouvaient appeler l'animateur en onde, une auditrice lui a demandé :

« Je suis devenue chrétienne en écoutant votre programme. Je sais que je suis une enfant de Dieu, née de nouveau. Qu'est-ce que je dois faire maintenant ?

– Vous devriez vous joindre à une Église évangélique !

– Pourquoi ? Est-ce que c'est vraiment nécessaire ?

– Bien sûr ! Vous devez vous joindre à une Église, parce que vous avez besoin de la chaleur, de l'aide et de l'amour que seule votre appartenance à une Église peut vous apporter. »

Je me suis dit alors : « Ça y est ! Voilà encore quelqu'un qui va tomber à l'improviste sur une Église en disant : "Me voici ! Aimez-moi !" Et dans quelques semaines, lorsque les attentions particulières qui vont souvent de pair avec l'accueil du début prendront fin, elle quittera l'Église en disant : "Il n'y a pas d'amour dans cette Église !" »

Comme nous allons le voir dans notre étude, si nous sommes de vrais chrétiens, des personnes nées de nouveau par la foi en Christ, devenues enfants de Dieu, la Bible nous dit que « nous sommes son ouvrage, ayant été créés en Jésus-Christ pour de bonnes œuvres, que Dieu a préparées d'avance, afin que nous les pratiquions » (Ép 2.10). Nous sommes devenus membres du Corps de Christ, l'Église universelle. Nous avons un rôle à y jouer.

Pour nous rendre capables d'apporter notre contribution, Dieu nous a donné des dons naturels, ou talents, et des dons spirituels, et il a providentiellement guidé les événements et les circonstances de notre vie. Et un des moyens que le Seigneur a établis pour nous permettre de développer nos dons spirituels, c'est l'interaction qui doit exister entre les dons de tous les chrétiens au sein de l'Église. Nous avons besoin du contact des autres chrétiens, et ils ont besoin du nôtre, pour que nous nous aidions mutuellement à devenir de meilleurs serviteurs de Jésus-Christ. C'est là la raison pour laquelle nous devons nous joindre à une Église locale.

Malheureusement, en dépit de l'appel au service que nous avons tous reçu, et malgré tout ce que le Seigneur a fait pour nous équiper et nous préparer pour le service, même les chrétiens qui se joignent à une Église locale ne sont pas tous actifs pour le Seigneur. Si vous l'êtes, j'en suis vraiment heureux.

Mais en plus, le fait est que beaucoup de chrétiens qui sont actifs dans leur Église ne font qu'utiliser leurs aptitudes naturelles. Ils n'ont absolument aucune conscience de leurs dons spirituels.

La cause du premier problème – aucun engagement actif – est spirituelle, bien sûr. Celle du deuxième est généralement la confusion fréquente qui existe au sujet des dons spirituels, et au sujet de la différence qu'il y a entre ceux-ci et les dons naturels. Le fait est que même lorsque les prédicateurs traitent du sujet des dons, ils n'insistent pas assez clairement sur la différence qui existe entre les deux.

En prêchant de différentes plateformes, j'ai remarqué que les chrétiens qui veulent vraiment servir le Seigneur selon leurs dons posent habituellement deux questions fondamentales :

« Comment puis-je découvrir mon don, ou mes dons spirituels ? »

« Y a-t-il une différence entre les dons spirituels et les dons naturels, les talents ? »

Ma première intention dans cette étude était de répondre à ces deux questions. Cependant, alors que je présentais d'abord cet enseignement à différents auditoires, je me suis rendu compte que j'avais peut-être tort de m'imaginer que les chrétiens en général avaient déjà une certaine connaissance en matière de dons spirituels – et cela, même dans des Églises dont l'enseignement fondamental est censément fortement basé sur cette question[1]. J'ai donc décidé d'élargir mon champ d'étude original afin de couvrir les autres aspects de la question des dons spirituels.

Je vais pourtant insister particulièrement sur la différence qui existe entre les dons spirituels et les dons naturels, les talents. Nous verrons également comment nous pouvons les découvrir et les développer. Je crois que l'ignorance sur ces deux questions a rendu stérile, et rend encore stérile, la vie de nombreux chrétiens. Elle empêche certains autres de porter tout le fruit qu'ils pourraient. Elle fait du

---

1. Il semble bien qu'il n'y ait pas que les chrétiens ordinaires qui ne soient pas au clair sur la question des dons spirituels. Après que j'ai commencé à mettre les choses sur papier, mon fils m'a passé un livre dont l'auteur rapporte les résultats d'un sondage fait parmi un certain nombre de pasteurs américains. Lors de ce sondage, « près d'un quart de ces pasteurs avaient été incapables de dire quels étaient leurs dons spirituels [...] six pour cent d'entre eux n'avaient aucune idée de quels pouvaient être les leurs, et seize autres pour cent avaient inscrit des fonctions ou des talents qui ne sont aucunement des dons spirituels » (George Barna, *Today's Pastor*, Ventura, CA : Regal Books, 1993, p. 121).

tort à certaines familles, et elle a un effet débilitant sur la formation de l'Église de demain.

En terminant cette introduction, je veux implorer l'indulgence de mes lecteurs dans un domaine. Il y a une grande différence entre répondre à des questions en quelques phrases, et faire une étude étendue d'un sujet, comme je le fais dans ce livre. J'ai essayé, bien sûr, de présenter les idées de façon méthodique et approfondie. Cela peut avoir pour effet, surtout si vous ne lisez pas ce livre en une seule fois, que vous trouviez que je suis un peu extrémiste sur un sujet, tout simplement parce que je ne présente pas immédiatement le revers de la question. Veuillez, je vous prie, ne pas tirer de conclusions finales avant d'avoir lu tout ce que j'avais à dire.

Samuel Coppieters

1

Qu'est-ce qu'un don spirituel ?

Première partie : La définition

Depuis un bon nombre d'années, je fais la traduction de conférences pour différentes organisations chrétiennes. Elles utilisent le système à écouteurs qu'on retrouve dans toutes les conférences internationales. Certains chrétiens sont émerveillés en me voyant assis dans ma cabine, recevant le message en anglais dans mes écouteurs et le renvoyant presque instantanément en français dans mon micro. Ils me disent alors : « C'est un don que vous avez là, un don de Dieu ! » S'ils entendent par là un don naturel que j'ai reçu par mon hérédité, qui est bien sûr sous le contrôle de Dieu, je suis d'accord. Mais s'ils entendent par là un don spirituel, semblable à ceux dont parle la Bible, je ne le suis plus.

La meilleure définition d'un don spirituel se trouve dans 1 Corinthiens 12.7 : « à chacun la manifestation de l'Esprit est donnée pour l'utilité commune ». Un don spirituel est donc une capacité, ou une aptitude, qu'un croyant reçoit du Saint-Esprit. Il doit alors l'utiliser pour le bien de l'Église tout entière.

1. « à chacun [...] est donnée... »

La première chose que nous apprend cette définition, c'est que *chacun*, chaque chrétien, est doué par le Saint-Esprit. Après avoir affirmé cette vérité, Paul explique que l'Église est comme un corps, dont Christ est la tête, et dont les chrétiens sont les membres (v.13). Tout comme dans un corps physique, il faut que tous les membres remplissent leur fonction pour que le corps tout entier puisse fonctionner convenablement (lisez tout le passage). Selon son plan, Dieu donne à chaque chrétien les capacités spirituelles nécessaires pour qu'il puisse remplir le rôle qui est le sien.

De cela, nous pouvons déjà tirer une conclusion importante concernant notre vie chrétienne. Qui que nous soyons, quels que soient notre force physique, notre intelligence, notre sexe, notre race, notre langue, ou notre âge, dès le moment où nous sommes devenus chrétiens, Dieu nous a confié un rôle important dans son Église. Il nous a également donné les aptitudes nécessaires pour le remplir. Nous pouvons avoir besoin de les développer pour faire un meilleur travail, mais du moment où nous sommes devenus chrétiens, nous avons possédé ces aptitudes. Dès lors, si nous ne faisons pas notre part en utilisant nos dons spirituels, nous sommes désobéissants envers Dieu. En manquant de cette façon, nous péchons. La gravité de notre péché, dépend évidemment de la connaissance que nous avons sur le sujet (Lu 12.47,48).

2. « ... la manifestation de l'Esprit... »

La deuxième chose que nous apprenons dans ce verset, c'est qu'un don spirituel est « la manifestation de l'Esprit ». On ne l'a pas en venant au monde, puisque personne ne vient au monde déjà habité par l'Esprit de Dieu. Il est également évident qu'un non-croyant ne peut pas posséder de dons spirituels, puisqu'il n'a pas l'Esprit de Dieu.

Pourquoi alors, est-ce qu'on entend si souvent appeler « dons spirituels » dans nos Églises des talents qu'on trouve également très souvent chez des non-croyants ? C'est fondamental à toute cette question de la différence entre les dons spirituels et les dons naturels, ou talents. Il y a des milliers de non-croyants dans le monde entier qui font le travail de traduction que je fais aux conférences. Beaucoup d'entre eux le font probablement bien mieux que moi. Il ne s'agit donc pas d'un don spirituel.

Une des conséquences du fait de prendre un don naturel pour un don spirituel, c'est qu'on peut essayer de faire quelque chose que Dieu n'a pas demandé qu'on fasse. Inversement, on peut ne pas faire quelque chose qu'il veut qu'on fasse. L'Église est remplie de gens : musiciens, hommes à tout faire, administrateurs, trésoriers, jardiniers, concierges, cuisiniers, etc., qui n'utilisent pas leurs dons spirituels. Ils croient erronément que leurs aptitudes naturelles sont des dons spirituels parce qu'ils les exercent dans l'Église ou dans une organisation para-ecclésiastique. Mais un don spirituel est quelque chose qu'un non-croyant ne peut pas posséder. Or, le monde est plein de musiciens, d'hommes à tout faire, de tous ceux qui sont sur la liste que je viens de donner, et d'autres encore, qui sont merveilleusement capables dans tous ces domaines. Le fait est qu'à part quelques exceptions notoires, les plus doués des musiciens, des écrivains, des peintres et autres créateurs dont nous parle l'histoire n'étaient pas des croyants. En fait, c'étaient souvent des gens dont la vie était certainement la dernière qu'un chrétien voudrait prendre pour exemple. Le film *Amadeus,* montrait comment Antonio Salieri, un musicien doué, ne

13

pouvait ni comprendre ni accepter le fait qu'un homme à la vie aussi dissipée que Mozart puisse écrire une musique aussi « divine ». C'est une question que devraient se poser tous ceux qui croient qu'un talent musical est un don spirituel.

Mais ne peut-on recevoir un don naturel de l'Esprit ?

Beaucoup de chrétiens sont d'accord avec l'idée qu'un non-croyant ne peut pas posséder un don spirituel. Certains pourtant pensent que Dieu pourrait octroyer spirituellement à quelqu'un ce qu'un autre a reçu en naissant. Dans ce cas, ils devraient amener leur raisonnement à sa conclusion logique, et se demander pourquoi le Saint-Esprit ne semble si souvent pas faire un aussi bon travail dans un croyant que l'hérédité le fait dans un non-croyant. Je n'oserais certainement pas dire que nous n'avons pas parmi les chrétiens des hommes et des femmes d'un calibre qu'on ne rencontre pas souvent, et même peut-être jamais, ailleurs. Mais combien de Bach et de Mozart avons-nous dans l'Église ? Et il faut poser la même question au sujet de tous ces autres dons naturels qu'on appelle spirituels dans les Églises. À notre époque, et surtout dans certains pays, où les moyens techniques disponibles permettent à n'importe qui qui sait jouer quelques notes de guitare de s'improviser chanteur, compositeur et même traducteur de cantiques, une bonne partie de ce qui est produit dans nos Églises locales ne serait pas de qualité suffisante pour être accepté dans le monde. Il est plutôt difficile de croire que tout cela est un produit de l'Esprit de Dieu.

« Oui, mais, dira quelqu'un, est-ce que Dieu n'a pas dit dans Exode 31 et 35, en parlant de Betsaleel et d'Oholiab, qu'il les avait "remplis de l'Esprit de Dieu, de sagesse, d'intelligence et de savoir" pour faire toutes sortes d'ouvrages ? »

C'est vrai ; mais je ne crois pas que nous devions voir dans ces hommes des gens ordinaires qui sont tout à coup devenus miraculeusement capables « de faire des inventions, de travailler l'or, l'argent et l'airain, etc. » Je ne crois pas non plus qu'il s'agisse là d'hommes à la vie spirituelle tout ordinaire qui ont soudainement été remplis du Saint-Esprit.

Il ne me viendrait même pas à l'idée de prétendre que l'une quelconque de mes aptitudes, ou de celles d'un autre, ne sont pas un don de Dieu (voir 1 Co 4.7). Mais je crois qu'il y a une différence entre les dons *spirituels* que j'ai reçus du Saint-Esprit, et mes dons *naturels*, mes talents. J'ai reçu ces derniers de Dieu, de la même façon que j'ai reçu la couleur de mes yeux, la grandeur de mes pieds et ma voix forte. Tous ces dons « naturels » m'ont été donnés par Dieu – pour des raisons que je n'ai pas encore entièrement découvertes –, mais ce ne sont pas des dons spirituels. Nous y reviendrons.

En ce qui concerne Betsaleel et Oholiab, il n'y a aucune raison de croire que l'occupation et le lieu de résidence des enfants d'Israël en Égypte au début du livre de l'Exode étaient encore ceux qui sont indiqués à la fin du livre de la Genèse (47.1-6). Il est vrai que des passages, tels qu'Exode 8.18,19 et 9.4,6,7,26 indiquent que beaucoup d'entre eux, peut-être la plupart, vivaient encore ensemble à Gosen, et élevaient probablement du bétail. Cependant, d'autres passages, tels qu'Exode 1.22, 12.23 et 3.21,22, donnent nettement l'impression qu'un bon nombre d'entre eux vivaient parmi les Égyptiens, ailleurs qu'en milieu rural. Ceux-là devaient certainement exercer d'autres occupations. Je crois que Betsaleel, Oholiab, et tous les autres qui sont mentionnés, étaient des hommes à qui Dieu avait donné des aptitudes naturelles, par hérédité, pour certains travaux. Puis, il avait dirigé providentiellement leur vie pour qu'ils aient la possibilité de développer ces talents au maximum.

Nous ne devons pas sous-estimer la providence de Dieu. Il sait comment nous préparer à être des membres de son peuple « zélé pour les bonnes œuvres ». Dans sa sagesse et sa providence, il contrôle l'hérédité de ceux qu'il veut appeler, afin qu'ils aient à la naissance les dons naturels dont ils auront besoin. Puis, lorsqu'ils deviennent croyants, qu'ils naissent de nouveau, il ajoute les dons spirituels nécessaires. Mais en plus, dès leur naissance, il contrôle tous les événements et les circonstances de toute leur vie – oui, même avant leur conversion –, afin qu'ils acquièrent la préparation qu'il leur faut. William J. McRae a très bien présenté dans un article les merveilles de la providence de Dieu. Il parle, entre autres, de son ancien professeur de littérature et d'exégèse du Nouveau Testament, qui a commencé à étudier le grec longtemps avant d'être croyant. Il avait choisi cette matière à l'université parce que le cours se donnait à une heure qui n'entrait pas en conflit avec les heures où il jouait au golf. McRae montre aussi le rôle qu'a joué la providence de Dieu dans la vie de Moïse dans le deuxième chapitre de l'Exode pour le préparer au rôle de conducteur du peuple d'Israël[1]. C'est très certainement là, la façon dont Dieu a agi dans la vie de Betsaleel et d'Oholiab. C'est également la façon dont il travaille dans nos vies pour nous préparer au rôle que nous avons à remplir dans le Corps de Christ. Si vous lisez Romains 8.28-30, vous verrez que c'est là le « bien » auquel « toutes choses concourent » dans la vie de ceux que Dieu a appelés.

Pour ce qui est d'être remplis de l'esprit, il n'y a aucune raison de supposer que Betsaleel et Oholiab ont été remplis de l'Esprit d'une façon différente que le sont les autres

---

1. William J. McRAE, "The Providence of God", *The Emmaus Journal*, 2570 Asbury Road, Dubuque, Iowa 52001, vol. 3, no 1, Summer 1994, p. 61-69.

enfants de Dieu. De plus, encore aujourd'hui, quel que soit leur champ d'activité, les chrétiens font un meilleur travail s'ils sont remplis de l'Esprit. Ils s'appliquent plus à la tâche, même s'ils ne sont encore que des apprentis. Il en résulte qu'ils deviennent de meilleurs ouvriers.

3. « ... pour l'utilité commune. »

Voilà des mots qu'on n'aime pas tellement entendre à notre époque où chacun recherche avant tout l'épanouissement de sa propre personne. Nous, chrétiens, vivons dans une société où chacun ne voit la valeur des choses qu'en fonction de sa satisfaction personnelle. Et nous sommes malheureusement souvent pénétrés de cet esprit du monde. Pourtant, c'est un point sur lequel Paul insiste fortement. C'est un des points capitaux de toute la question des dons spirituels. C'est le manque de compréhension de ce point qui est à la source d'une bonne partie de l'ignorance et de la confusion qui règnent aujourd'hui sur cette question. Nous y reviendrons au chapitre 10 en parlant de la façon dont nous pouvons découvrir nos dons spirituels.

2

Qu'est-ce qu'un don spirituel ?

Deuxième partie :
Les listes du Nouveau Testament

Voici les listes habituellement reconnues de dons spirituels qu'on trouve dans le Nouveau Testament :

Dans Romains 12.6-8 : la prophétie, le ministère, l'enseignement, l'exhortation, la libéralité, la présidence, la miséricorde.

Dans 1 Corinthiens 12.8-10 : une parole de sagesse, une parole de connaissance, la foi, le don des guérisons, celui des miracles, la prophétie, le discernement des esprits, la diversité des langues, l'interprétation des langues.

Au verset 28 : apôtres, prophètes, docteurs, le don des miracles, des guérisons, de secourir, de gouverner, de parler diverses langues, d'interpréter (v.30).

Dans Éphésiens 4.11 : apôtres, prophètes, évangélistes, pasteurs et docteurs.

Dans 1 Pierre 4.11 : parler, remplir un ministère.

Nous allons maintenant jeter un coup d'œil à chacun des dons (en les prenant dans l'ordre où ils apparaissent dans les listes ci-dessus). Avant de le faire, cependant, quelques remarques sont de mise.

Les dons naturels et les dons spirituels

Un bon nombre des termes que nous utilisons en parlant de la foi chrétienne ne sont pas des traductions de termes bibliques, mais des francisations. C'est-à-dire qu'au lieu de traduire le terme original on a formé un terme français qui le rappelle. Deux exemples modernes de cette façon de faire seraient le terme anglais *beefsteak* que nous avons francisé en « bifteck », ou, le terme allemand *sauerkraut* que nous avons francisé en « choucroute ». Une particularité des mots traités de cette façon, est qu'on perd souvent entièrement de vue le sens original du mot. Ainsi on ne tient pas compte du fait que le terme anglais qui a donné *bifteck* signifie « tranche de bœuf », et on utilise le mot en français même pour une tranche d'autres viandes. Le *Petit Robert* donne comme exemple : *bifteck de cheval.* Seule une personne qui connaît un peu l'anglais trouve ça comique. Les autres ne voient rien de curieux dans le mot. De même, il est possible que moins de gens essaieraient la choucroute si au lieu de franciser le terme allemand on l'avait traduit « chou sûr ».

Parmi les termes de la foi chrétienne qui ont été francisés (en passant par le latin qui a précédé le français) on retrouve *Église* (« assemblée »), *diacre* (« serviteur »), *évêque* (« surveillant »), etc. Une des raisons pour lesquelles on a fait ça à l'origine, était de distinguer entre, par exemple, un *serviteur* ordinaire, et quelqu'un qui remplissait la fonction particulière de « serviteur » officiellement reconnu d'une Église : un *diacre.* Évidemment, tout comme avec *bifteck* et *choucroute*, on ignore souvent le sens original de ces termes de la foi chrétienne.

Ce qui se produit alors lorsqu'on commence à étudier les langues originales de la Bible, c'est qu'on découvre tout à coup que le terme grec *diakonos,* d'où vient le terme français *diacre* (pour ne prendre que cet exemple) se retrouve bien plus souvent dans le texte biblique que le terme *diacre* dans nos Bibles françaises. Et on se demande alors si on est partout d'accord avec le choix qu'ont fait les traducteurs. Dans certains passages le contexte ne laisse aucun doute. Ainsi, il est évident que dans Matthieu 20.26 (« quiconque veut être grand parmi vous, qu'il soit votre *serviteur* ») et Jean 2.9 (« les *serviteurs* qui avaient puisé l'eau le savaient bien »), le terme *diakonos* a bien le sens ordinaire de « serviteur ». Mais qu'en est-il de Romains 16.1, où le terme se trouve au féminin ? Phoebé était-elle une « servante », c'est-à-dire qu'elle rendait beaucoup de services, ou une « diaconesse », une femme « diacre » de l'Église de Cenchrée ? Ceux qui ne voient pas de difficultés à avoir des diacres et des diaconesses estiment que c'est ce dont le texte parle. Mais ceux qui ne peuvent imaginer que des femmes remplissent le rôle officiel de diacre dans l'Église, préfèrent évidemment comprendre « servante ».

Et dans Actes 6, où il est question de *servir* (« *diakonéo* »), est-ce que les sept hommes choisis pour le faire étaient déjà des « diacres » – et dans ce cas-là les premiers ? Nous n'entrerons pas dans le pour et le contre des différentes positions sur les deux exemples que nous venons de considérer, mais j'ai fait cette parenthèse pour montrer comment certains termes « officiels » ont aussi un sens ordinaire dont il faut tenir compte lorsqu'on examine tous les endroits où ils sont utilisés dans le texte biblique.

La prophétie (Ro 12.6 ; 1 Co 12.10 – **prophètes** au v. 28) : Voilà déjà un terme auquel s'applique peut-être le principe dont nous venons de parler. En effet, *prophétiser*, dans son sens ordinaire veut simplement dire « proclamer », et, dans le sens ordinaire du terme, un *prophète* est un « proclamateur », un « héraut ». En parlant du mot *prophêteuô*, Richard C. Trench a dit : « Il est devenu presque inutile

21

aujourd'hui de mettre en garde contre une erreur qui était autrefois très courante [...] prendre le *pro* de "prophétiser" et de "prophète" dans le sens temporel [...] et de donner comme sens premier à ces mots, la déclaration d'événements *avant* qu'ils ne se produisent. Cette prévision, ou l'annonce de l'avenir, peut faire, et fait souvent, partie de la fonction de prophète, mais elle n'est pas de l'essence même de cette fonction ; et cela, aussi bien dans le grec sacré que dans le grec classique. Le prophète est le porte-parole, celui qui annonce le conseil de Dieu avec une clarté, une énergie et une autorité qui viennent de la conscience de parler au nom de Dieu, [...] »[1].

Certains exégètes croient que le terme *prophétiser* est utilisé dans ce sens ordinaire à quelques endroits du Nouveau Testament. Ainsi, ils diraient que c'est probablement dans ce sens ordinaire que Paul utilise le verbe « prophétiser » lorsqu'il dit : « Je désire que vous parliez tous en langues, mais encore plus que vous *prophétisiez* » (1 Co 14.5). Ils diraient probablement la même chose de : « Celui qui prophétise, au contraire, parle aux hommes, les édifie, les exhorte, les console » (v. 4).

Et, bien que Pierre n'utilise pas le terme *prophétiser*, ils diraient que c'est probablement ce qu'il a à l'idée lorsqu'il dit : « Si quelqu'un parle, que ce soit comme *annonçant les oracles* de Dieu » (1 Pi 4.11). *Annoncer les oracles* est bien ce que faisait un prophète, chez les Juifs comme chez les païens ; mais Pierre étend le sens ici pour montrer que quiconque prétend parler des choses de Dieu doit être

---

1. Richard C. TRENCH, *Synonyms of the New Testament*, 1880 – réimpr. : Grand Rapids, Wm. B. Eerdmans Publishing Company, p. 20,21. Pour une raison quelconque, cette explication de Trench a été supprimée dans la traduction française, de même que la page et demie de texte dont elle fait partie.

pleinement conscient de l'importance des choses dont il parle, et les traiter avec le sérieux qu'elles méritent. C'est en pensant à ce sens-là du terme *prophétiser* que mes parents m'ont appelé Samuel parce qu'ils espéraient que je serais un « prophète ». Et dans ce sens-là, leur vœux a été exaucé.

Cependant, Paul dit aussi que tous ne sont pas prophètes (12.29). Car il est évident qu'il y a un sens particulier au terme *prophète* qui empêche qu'on l'applique à n'importe qui qui prend la parole dans l'Église. Si on pouvait le faire, pourquoi Paul mentionnerait-il le don de prophétie séparément de ceux d'une parole de sagesse, d'une parole de connaissance, et même de celui de docteur, puisque ces trois dernières manifestations ne seraient alors en fait que des façons de prophétiser.

Il me semble donc évident qu'on ne peut pas simplement régler la question en prenant 1 Corinthiens 14.3 comme une définition du verbe *prophétiser*... peut-être dans le but inconscient de répondre à la question : Pourquoi n'y a-t-il plus de prophètes aujourd'hui ? Ceux qui font cette erreur disent que chaque fois qu'on édifie, exhorte ou console quelqu'un, on prophétise. Dans le sens ordinaire du terme, peut-être. Mais je crois qu'il faut comprendre ce verset en conjonction avec celui qui le précède et celui qui le suit. Le verset précédent (v. 2) se lit : « En effet, celui qui parle en langue ne parle pas aux hommes, mais à Dieu, car personne ne le comprend, et c'est en esprit qu'il dit des mystères. » Je crois que ce que Paul fait dans ces versets, c'est simplement comparer le langage qu'on comprend avec celui qu'on ne comprend pas. Ce qu'il dit en substance, c'est : « Celui qui parle en langue ne communique rien aux hommes parce qu'ils ne comprennent pas ce qu'il dit ; tandis que celui qui prophétise leur communique quelque chose parce qu'ils comprennent ce qu'il dit. Et ce quelque chose peut les édifier, les exhorter ou les consoler », tout comme lorsque quelqu'un prêche. Je crois d'ailleurs que mon opinion est confirmée par le verset suivant (v. 4) qui refait la même comparaison, en utilisant une même expression pour les deux côtés : « Celui qui parle en langue s'édifie lui-même ; celui qui prophétise édifie l'Église.»

Semblant bien d'accord avec mon interprétation de ces versets, William Kelly a écrit : « Nous devons cependant nous rappeler que le verset 3 ne définit pas la prophétie, il ne fait que la comparer au parler en langue.[2] » J. N. Darby a écrit que le verset 3 « nous présente l'effet ou plutôt la qualité de ce qu'un prophète dit : ce n'est pas une définition.[3] » Frédéric Godet a écrit : « Dans les derniers temps on a souvent tiré de ce verset la conclusion que, puisque prophétiser c'est édifier, exhorter, consoler, quiconque édifie, exhorte, console, mérite selon Paul, le titre de prophète. Ce raisonnement est aussi juste que le serait celui-ci : Celui qui court, remue les jambes ; donc quiconque remue les jambes, court ; ou, pour prendre un exemple plus rapproché : Celui qui parle en langue, parle à Dieu : donc quiconque parle à Dieu, est glossolale.[4] » Plus récemment, William MacDonald a écrit : « Lorsque Paul dit que le prophète édifie, exhorte, console, il ne définit rien. Il décrit simplement le résultat d'un message donné dans une langue que comprennent les auditeurs.[5] »

2. *Notes on the First Epistle to the Corinthians*, Denver, Colo., Wilson Foundation, n.d., p. 229.

3. *Études sur... Corinthiens - Éphésiens*, Vevey, Éditions Bibles et traités chrétiens, éd. 1965, p. 75.

4. *Commentaire sur la première épître aux Corinthiens*, Neuchâtel, Éditions de l'imprimerie nouvelle L.-A. Monnier, 1965, vol. 2 p. 272.

5. *Believer's Bible Commentary - New Testament*, Nashville, Thomas Nelson Publishers, 1990, p. 614.

Qu'est-ce qu'un don spirituel ?

L'erreur d'identifier purement et simplement l'édification, l'exhortation et la consolation avec la prophétie engendre souvent une autre. Après avoir dit que la prophétie est donc simplement de la prédication, on conclut que puisque 1 Corinthiens 11.5 parle de femmes qui prophétisent, il est donc normal d'avoir des femmes prédicateurs dans l'Église. Cette façon d'utiliser ce passage n'est pas nouvelle. Frédéric Godet a écrit en 1886 : « Le raisonnement absurde que je signale a été inspiré par le désir de pouvoir proclamer prophétesses certaines femmes qui se croient appelées à parler en public, afin de les mettre au bénéfice de l'autorisation implicite renfermée dans XXI, 5.[6] »

Reprenons la dernière phrase de la citation de Richard Trench que j'ai donnée plus haut, mais cette fois-ci au complet : « Le prophète est le porte-parole, celui qui annonce le conseil de Dieu avec une clarté, une énergie et une autorité qui viennent de la conscience de parler au nom de Dieu, et *d'avoir reçu de lui un message direct* à révéler » *[italiques pour souligner][7]*. Je crois que ce fait *d'avoir reçu un message direct* est ce qui, dans le sens particulier du terme, différencie un prophète de tout prédicateur. Le prédicateur annonce la vérité déjà révélée de Dieu qu'il étudie et interprète ; le prophète, lui, est un instrument par lequel Dieu révèle *directement* sa pensée.

Cela me semble confirmé par une curieuse instruction que Paul donne aux prophètes de l'Église dans 1 Corinthiens 14.30. Il dit : « si un autre qui est assis a une révélation, que le premier se taise. » Étant donné ce qu'il a dit au verset 27, et ce qu'il va dire au verset 31, on s'attendrait à ce que Paul dise plutôt : « si un autre a quelque chose à dire, qu'il attende que le premier ait terminé. » Il ne s'agit là que de

6. *Op. cit.*, même page.
7. *Synonyms...*, p. 21.

25

politesse élémentaire, et cela s'accorde avec l'ordre de « chacun à son tour » qu'il vient de donner. Mais je ne pense pas qu'il parle simplement d'un autre prophète qui a quelque chose à ajouter. Il dit en effet : « si un autre qui est assis *reçoit une révélation* (c'est là le sens que les versions *Français moderne, Darby, TOB, Semeur,* et les versions anglaises donnent au mot grec *apocaluphthê*), que le premier se taise ». Je crois que la situation qu'évoquent les versets 29 et 30 est la suivante : durant la réunion de l'Église, les prophètes enseignent ce qu'ils croient que Dieu leur a déjà révélé sur le sujet qui est à l'étude. Ils jugent également tous ensemble ce que chacun d'eux dit, pour voir si c'est en harmonie avec la volonté déjà révélée de Dieu (v. 29). Mais parfois, lorsqu'ils ne connaissent pas encore toute la volonté de Dieu sur le sujet qu'ils sont en train de considérer, Dieu intervient dans la conversation – si je peux me permettre cette expression – et révèle quelque chose à l'un de ceux qui ne parlent pas à ce moment-là. C'est pour ça que celui qui est en train de parler doit se taire pour le laisser parler : c'est Dieu lui-même qui a quelque chose à ajouter.

Le ministère (Ro 12.7) : Le mot traduit là « ministère » (*diakonia*) signifie tout simplement « service »[8]. Selon moi, il s'agit d'une attitude reçue de l'Esprit qui fait que quelqu'un est toujours prêt à faire pour la gloire de Dieu ce qui doit être fait, que la tâche soit plaisante ou non. Ce don est nécessaire aux diacres, dont le nom (*diakonos*) signifie comme nous l'avons déjà dit tout simplement « serviteurs »[9].

---

8. La vieille version *Segond* a : « ministère », de même que la *Nouvelle Édition de Genève*. La *Colombe* a : « diaconat », mais ajoute une note disant que « le mot *diaconat* signifie *service*. » *Darby, La Bible du Semeur, La Bible en français courant,* et la *TOB* ont toutes : « servir ».

9. Je parle ici des *diacres* dans ce que je crois être le sens scripturaire du terme, l'Église étant dirigée et enseignée par des anciens et servie par des diacres, plutôt qu'à un système dans lequel le pasteur est le seul

C'est probablement également un don que possèdent certains de ceux qui rendent toutes sortes de services à une Église ou à une organisation chrétienne (comptabilité, nettoyage, cuisine, etc.), mais pas nécessairement tous, comme nous le verrons plus tard.

Secourir (1 Co 12.28) : La capacité de vraiment aider les autres selon leurs besoins, et non selon nos désirs. Cela demande vraiment l'action du Saint-Esprit. Nombre de commentateurs relient celui-ci au précédent. Ce verset est le seul du Nouveau Testament où on trouve ce mot.

Enseigner (Ro 12.8) : Exposer avec clarté et efficacité – pas nécessairement du haut de la plateforme – la vérité révélée de Dieu telle qu'on la trouve dans l'Écriture. Il ne s'agit pas simplement d'énoncer sa connaissance de l'Écriture, en laissant à l'auditeur la responsabilité d'en retirer quelque chose (comme ont tendance à le faire les profs à l'université). Cela, c'est peut-être avoir *une parole de connaissance* (voir plus bas), mais ce n'est pas enseigner.

Exhorter (Ro 12.8) : Le mot grec est *paraklésis*. Celui qui fait cela est un *paraklétos* qui est le mot qui décrit le Saint-Esprit et qui est traduit « consolateur » dans Jean 14, 15 et 16, et « avocat » dans 1 Jean 2. Un *paraklétos* est quelqu'un qui se tient à côté d'un autre pour l'aider, le réconforter, l'encourager, le conseiller et même intercéder pour lui (1 Jn 2.1). Exhorter, dans le sens original du terme, ce n'est donc pas taper sur quelqu'un – en privé ou du haut de la plateforme – parce qu'il a fait quelque chose de répréhensible. Peut-être devrions-nous créer le néologisme « paracléer », pour désigner ce don, puisque, dans son usage habituel, exhorter n'a pas le sens du verbe grec *paracléo*.

---

ancien, et les diacres une espèce d'anciens de deuxième classe, et où on utilise un autre terme, non biblique, celui-là, pour désigner ceux qui font le travail normal des diacres bibliques.

Les dons naturels et les dons spirituels

La libéralité (Ro 12.8) : Il s'agit d'une attitude que certains ont reçue de l'Esprit. Ils considèrent vraiment que tout ce qu'ils sont et tout ce qu'ils ont appartient à Dieu. Ils sont donc toujours prêts à lui obéir lorsqu'il les pousse à donner généreusement de leur argent ou de leurs possessions – avec sacrifice si c'est nécessaire. (Le fait que quelqu'un donne plus que les autres membres de son Église n'est pas une preuve en soi qu'il possède ce don. Il peut le faire simplement pour se valoriser – même si ce n'est qu'à ses propres yeux. Ou il peut le faire pour calmer sa conscience au sujet de l'utilisation égoïste qu'il fait du reste de ses possessions. Souvent, Dieu seul est à même de juger.)

Présider (Ro 12.8) – ou plutôt *diriger* (c'est ainsi que le même mot est traduit dans 1 Th 5.12 et dans 1 Ti 3.4,5,12 et 5.17), et aussi **gouverner** (1 Co 12.28) : Il y a une grande différence entre les qualités nécessaires pour être un bon dirigeant, ou conducteur, dans le monde, et celles pour l'être dans l'Église de Dieu. Les anciens ont certainement besoin de ces qualités, de même que toute personne qui dirige une activité ou l'autre de l'Église.

La miséricorde (Ro 12.8) : Certaines personnes ne méritent vraiment pas qu'on les aide. Pourtant, certaines autres sont tellement imprégnées par la conviction que communique l'Esprit de Dieu qu'aucun de nous ne mérite quoi que ce soit, qu'elles sont prêtes à faire pour les premières ce que personne d'autre ne voudrait faire.

Une parole de sagesse et **une parole de connaissance** (1 Co 12.8) : Les deux sont reliées à une bonne connaissance de la Parole de Dieu. Il semble pourtant que la parole de connaissance est la capacité de déclarer intelligemment la vérité de Dieu, alors que la parole de sagesse serait plutôt la capacité de savoir quelle partie devrait en être déclarée à un moment particulier. C'est la capacité de savoir comment appliquer la vérité de Dieu aux circonstances et aux problèmes. On peut parfois faire bien des dégâts même avec la connaissance qu'on a reçue de l'Esprit, et il faut vraiment avoir la sagesse qu'il donne également pour savoir ce qu'il faut dire à un moment particulier. Il semble logique que les deux soient des composantes du don d'enseigner, bien que la possession de l'une des deux ne soit pas équivalente à la possession de ce dernier.

Je devrais peut-être ajouter que bien que ces deux dons soient reliés à une bonne connaissance de la Parole de Dieu, je ne crois pas qu'ils impliquent nécessairement toujours la citation du texte biblique. Une personne profondément fondée dans la Parole de Dieu et pénétrée de son esprit, acquiert une sagesse et une compréhension des choses qui lui permettent de juger et de se prononcer avec justesse dans bien des domaines de l'expérience humaine (1 Co 2.15). On a une petite idée de cela avec les progrès humanitaires, sociaux et économiques des pays où la Parole de Dieu a exercé une grande influence. En fait, bien que certains se refusent à le reconnaître, tout ce qu'il y a de bon dans la société occidentale est un sous-produit du christianisme.

La foi (1 Co 12.9) : Sans la foi on ne peut être sauvé, mais certains ont un véritable don de foi qui leur permet d'aller de l'avant avec confiance dans n'importe quelles circonstances, en ayant l'assurance que Dieu va intervenir. George Müller, de Bristol – qui s'est occupé de tant d'orphelins – est souvent cité en exemple.

Le don des guérisons (1 Co 12.9) : La capacité, reçue de l'Esprit, de guérir lorsque le besoin se présente, quelle que soit l'affliction – même la mort –, et indépendamment de la foi de la personne affligée (voir la note 1 du chapitre 4).

Le don d'opérer des miracles (1 Co 12.10) : La capacité, reçue de l'Esprit, de faire un miracle – y compris chasser les démons – lorsque le besoin se présente.

Le discernement des esprits (1 Co 12.10) : La capacité, reçue de l'Esprit, de reconnaître, même dans les cas difficiles, ce qui est de Dieu et ce qui ne l'est pas. Parfois tout le monde se laisse tromper par quelque chose qui semble véritable mais qui ne l'est pas. La personne qui possède ce don ne se laisse pas tromper (ex. : 2 Co 11.13-15). Parfois l'avenir démontre à tous que la personne avec discernement avait raison.

La diversité des langues (1 Co 12.10) : La capacité reçue de l'Esprit de parler une langue étrangère qu'on n'a pas apprise. (Voir Appendice 1 ; et je suggère aussi la lecture de bons ouvrages sur le sujet[10].)

L'interprétation des langues (1 Co 12.10) : La capacité reçue de l'Esprit de traduire ce que dit celui qui parle en langue, sans avoir appris cette langue, afin que les autres qui ne l'ont pas apprise non plus puissent comprendre ce qu'il dit.

Parler et **remplir un ministère** (1 Pi 4.11) : Je crois qu'étant donné ce que Pierre vient tout juste de dire, de même que le fait qu'il utilise les verbes ordinaires pour *parler* et *servir*, nous pouvons conclure sans crainte de nous tromper qu'il ne parle pas ici de deux dons particuliers. Il résume plutôt tout ce qu'un chrétien peut faire dans l'Église par les deux seuls moyens d'expression que possèdent les humains : la parole et les actes. Il dit alors que lorsque nous parlons, dans quelque capacité que ce soit, ce que nous disons devrait être en ligne avec la Parole de Dieu ; et que lorsque nous faisons quelque chose, dans quelque capacité que ce soit, ce devrait être avec la force que Dieu nous donne pour le faire. Puis il ajoute qu'il doit en être ainsi « afin qu'en toutes choses, Dieu soit glorifié par Jésus-Christ ».

---

10. Par exemple : *Le don de parler diverses langues*, de Ralph SHALLIS, Éditions du C.C.B.P., 1982.

C'est probablement le bon moment pour faire remarquer que dans Romains 12.6-8, Paul parle des dons après nous avoir exhortés à nous offrir nous-mêmes à Dieu comme des sacrifices vivants. Autrement dit, nous devrions considérer que nous lui appartenons entièrement. En accord avec cela, Paul parle ensuite de l'exercice de nos dons en utilisant différentes expressions qui équivalent à dire que nous devons nous y donner entièrement, sans avoir de nous-mêmes une trop haute opinion.

Les dons et les fonctions

Dans le verset 28 de 1 Corinthiens 12, Paul répète plusieurs des dons énumérés aux verset 8-10 ; excepté qu'alors que dans ces versets il en parle comme de dons à des personnes, au verset 28 il semble plutôt les présenter comme des fonctions dans l'Église. Je pense que je peux faire confiance aux différentes versions disponibles sur le marché lorsqu'elles sont toutes d'accord. J'ai vérifié dans les versions françaises et anglaises, protestantes et catholiques, et dans toutes on peut résumer le texte des deux passages respectivement par : « à certains il donne *le don de...* » (12.8-10) et : « il a placé dans l'Église *ceux qui ont le don de...* » (12.28). Alors qu'aux versets 8 à 10, Paul parle de l'utilité de chacun dans le Corps de Christ, quel que soit son don, dans le verset 28, il prépare déjà ce qu'il va dire sur l'importance relative des différents dons. Il dit au verset 31 : « Aspirez aux dons les meilleurs. » Et il continue avec le même sujet dès le début du chapitre 14, juste après avoir fermé la parenthèse que forme le chapitre 13, sur l'importance de l'amour dans toute la question des dons.

Trois des fonctions qui sont mentionnées dans 1 Corinthiens 12.28 : **apôtres**, **prophètes** et **docteurs**, se retrouvent également dans Éphésiens 4.11, où Paul ajoute celle d'**évangélistes**. Là, les hommes qui remplissent ces fonctions sont présentés comme des dons de Christ à l'Église pour le perfectionnement des chrétiens pour l'œuvre du ministère. Je pense qu'il est évident que ces fonctions sont plus ou moins des collections de dons. Je veux dire qu'il semble difficile d'imaginer que ceux qui sont doués pour remplir ces fonctions ne possèdent pas plusieurs des dons individuels qui les suivent sur la liste – plus pour certains que pour d'autres. Ainsi, pouvons-nous imaginer quelqu'un remplissant l'une de ces fonctions sans avoir également *une parole de connaissance* et *une parole de sagesse* ? Et ainsi de suite avec les autres.

Apôtres : Voilà encore un terme qui a un sens ordinaire et un sens particulier. Son sens ordinaire est tout simplement « envoyé » (2 Co 8.23). Il est utilisé pour certains hommes actifs dans le ministère, tels que Barnabas (Ac 14.1-7) Silas et Timothée (1 Th 2.6 ; comp. avec 1.1). Dans le sens restreint du terme, les apôtres étaient les Douze et l'apôtre Paul, qui tous avaient été appelés directement par Christ. La fonction d'apôtre était la plus importante. Les apôtres formaient le fondement de l'Église (Ép 2.20). Ils révélaient la Parole de Dieu en même temps qu'ils la prêchaient. Il est bien évident par tout ce qui est dit d'eux et par tout ce qu'ils disent, qu'ils possédaient la plupart des autres dons.

Prophètes : Ceux qui avaient la fonction officielle de prophète dans l'Église (voir *prophétie* plus haut). Eux aussi faisaient partie du fondement de l'Église (Ép 2.20).

Évangélistes : Je crois qu'il s'agit là bien plus que d'hommes qui conduisent des âmes à Christ, sans plus – contrairement à ce qu'on croit trop souvent. Ce sont les évangélistes qui ont finalement poursuivi le ministère des apôtres (bien que sans ses aspects révélation et miracles), fondé de nouvelles Églises, et donc, logiquement, formé leurs anciens. De telles tâches exigent bien plus que de simplement savoir comment on est sauvé (voir : « Au sujet des évangélistes » dans l'appendice 3).

Pasteurs et docteurs (enseignants) : Un grand nombre d'interprètes de l'Écriture s'accordent pour unir les deux termes, même pour les unir par un trait d'union[11]. Certains, cependant, ne sont pas d'accord, et disent parfois que pour le faire, ceux du premier groupe font appel à « une obscure règle de la grammaire grecque »[12]. Je ne suis pas un spécialiste du grec, mais je sais qu'en français et en anglais (je l'ai vérifié avec un professeur anglais de langue anglaise) il y a une règle, qui est également obscure pour beaucoup, mais

---

11. *Nouveau dictionnaire biblique, révisé et augmenté*, Éditions Emmaüs, 1992, p. 976 ; *Nouveau commentaire biblique*, Éditions Emmaüs, 1978, 1987, p. 1171 ; Commentaire biblique du chercheur, Éditions Béthel, 1988, p. 711 ; *The International Bible Commentary*, Marshall Pickering/Zondervan, 1979, p. 1436 ; *The Wycliffe Bible Commentary*, The Moody Bible Institute of Chicago, 1963, p. 1311 ; *Ephesians*, John MacArthur, The Moody Bible Institute of Chicago, 1986, p. 143 ; *The Epistle to the Ephesians*, F. F. Bruce, Fleming H. Revell Company, 1974, p. 85,86. Selon F. F. Bruce, « les deux termes "pasteurs (bergers) et docteurs" désignent une seule et même classe d'hommes. Ce sont les hommes qui doivent "paître l'Église de Dieu" et pourvoir à ses besoins, montrant aux autres chrétiens par le précepte et par l'exemple le chemin de la foi et de la vie chrétiennes (1 Pi 5.2 ; Ac 20.28). Ce sont les mêmes hommes qui ailleurs sont appelés anciens et évêques, et dont une des qualifications est d'être "propre[s] à l'enseignement". »
12. Après avoir lu ce que j'avais écrit, Jack Cochrane, de Sherbrooke, Québec, mon ancien professeur de grec, m'a écrit : « [...] Je ne comprends pas [...] comment quelqu'un peut dire qu'il s'agit d'une "obscure règle de la grammaire grecque" ! La règle en question a été proposée il y a 200 ans par Granville Sharp, et autant que je sache, elle est acceptée universellement. Même ceux qui s'opposent à cette règle sont d'accord que la règle existe. Leur opposition est limitée à certaines applications. [...] »

qui est néanmoins suivie par ceux qui écrivent. C'est que dans une énumération de termes indépendants, il faut, ou bien répéter une expression du genre de « les autres comme » devant chaque terme, ou alors ne l'utiliser qu'une seule fois – avant le second terme de l'énumération.

Pour donner un exemple avec une phrase moderne : « Oui, notre compagnie embauche beaucoup d'hommes. Nous engageons *les uns comme* mineurs, *les autres comme* opérateurs de machine, *les autres comme* conducteurs, *les autres comme* mécaniciens *et* ajusteurs. » Quiconque lit cette phrase et comprend la grammaire doit déduire que les *mécaniciens et ajusteurs* sont les mêmes personnes.

S'ils ne le sont pas, il aurait fallu pour éviter la confusion, selon la grammaire française – et anglaise également –, écrire les deux derniers termes : « [...] *les autres comme* mécaniciens et *les autres comme* ajusteurs. »

Ou bien, il aurait fallu écrire toute l'énumération comme ceci : « [...] *les uns comme* mineurs, *les autres comme* opérateurs de machine, *comme* conducteurs, *comme* mécaniciens *et comme* ajusteurs. »

Ou plus simplement encore, puisque aujourd'hui nous avons les virgules : « [...] *les uns comme* mineurs, *les autres comme* opérateurs de machine, conducteurs, mécaniciens et ajusteurs. » (Dans ce cas-ci le « et » qui précède le dernier terme est simplement un remplacement plus euphonique de la dernière virgule.)

Comme nous l'avons dit plus haut, on a répété « les autres comme », ou « comme », avant tous les termes, ou bien on ne l'a mis qu'en début d'énumération, puis on a fait une simple énumération.

Le texte français du passage qui nous préoccupe est à peu de choses près, le même dans la plupart des versions, et il traduit bien le grec qui dit (le *[comme]* ayant été ajouté pour les besoins de la langue française) : « Il a donné *les uns [comme]* apôtres, *les autres [comme]* prophètes, *les autres [comme]* évangélistes, *les autres [comme]* pasteurs *et* docteurs ». Puisque *les autres [comme]* n'est pas répété entre les deux derniers termes, mais qu'ils sont unis par un simple *et*, si « l'obscure règle de grammaire grecque » est la même que celle des grammaires française et anglaise, il me semble logique que tous les commentateurs auxquels nous avons fait allusion plus haut aient uni les deux derniers termes de la liste : *pasteurs et docteurs*.

Pasteur et docteur (enseignant) est la fonction que remplit un ancien dans l'Église locale (voir Ac 20.17,28 ; 1 Ti 3.1,2 et Tit 1.9 – et F. F. Bruce dans la note précédente). Il y a cependant une différence. Les fonctions telles qu'on les trouve dans Éphésiens 4 sont les fonctions telles que Dieu les donne. Ceux qui ont ces fonctions les exercent sous la conduite du Seigneur au sein de l'Église universelle, indépendamment de la reconnaissance par une Église locale. Les anciens, par contre, sont des pasteurs-docteurs qui font « officiellement » partie des dirigeants d'une Église locale. Il y avait probablement dans l'Église primitive une distinction semblable entre ceux qui avaient le don de prophétie et ceux qui exerçaient la fonction de prophète reconnu d'une Église particulière.

Il faut peut-être aussi mentionner que si la fonction de « docteur » est ici reliée à celle de « pasteur », on la trouve parfois mentionnée seule (1 Co 12.28). Il est aussi vrai que chaque fois qu'il est question de pasteurs (anciens, évêques) il est évident qu'une bonne partie de leur travail est l'enseignement ; mais que le fait d'enseigner n'est pas toujours lié à la fonction de pasteur (p. ex. : Ja 3.1). Il me semble donc qu'on ne peut pas être pasteur (ancien) si on n'est pas docteur. Je précise immédiatement qu'être docteur ne signifie pas nécessairement être un bon orateur du haut d'une plateforme – cette forme d'enseignement magistral ne semble pas avoir été aussi prééminente dans l'Église primitive qu'elle l'est devenue depuis, sous l'influence de l'art oratoire grec. Cependant, comment un ancien pourrait-il veiller sur l'enseignement qui est donné au troupeau, le protéger contre les loups ravisseurs qui apparaissent de temps en temps, et aider les brebis dans les difficultés dont souvent seule l'Écriture a la solution, s'il n'a pas une connaissance solide et juste de la doctrine (Ac 20.28-31) ? Paul dit de lui qu'il doit être « attaché à la vraie parole telle qu'elle a été enseignée, afin d'être capable d'exhorter selon la saine doctrine et de réfuter les contradicteurs » (Tit 1.9).

Par contre, on peut être docteur sans être pasteur. Cela ne doit pas nous surprendre. Un homme ou une femme peuvent être sauvés très jeunes, et avoir le don d'enseigner, qu'ils peuvent utiliser assez rapidement dans leur vie chrétienne – à l'école du dimanche, par exemple. Cependant, seuls des hommes mûrs, qui possèdent également certains autres dons, peuvent remplir la fonction de pasteurs (anciens). De plus, certains hommes peuvent être toute leur vie d'excellents docteurs de la Parole, mais ne jamais posséder les dons nécessaires pour être pasteurs. (Au sujet de l'utilisation du terme pasteur, veuillez voir également l'appendice 3.)

Les dons sont donnés aux hommes ET aux femmes

Il vaut peut-être la peine de mentionner également que rien dans les listes de dons ne semble les réserver aux hommes. Les limites que Dieu, par l'apôtre Paul, a imposées aux femmes dans la participation aux activités de l'Église (1 Co 14.34,35 ; et surtout 1 Ti 2.11,12) ne s'appliquent pas aux dons, mais aux fonctions. Elles sont reliées à l'ordre que Dieu a établi, à la fois pour le foyer et pour l'Église.

C'est certainement le moniteur ou la monitrice, d'école du dimanche ou de camp, qui peuvent communiquer clairement la Parole de Dieu et qui ont un cœur de berger (pasteur), qui conduisent leurs jeunes au Seigneur et qui les aident vraiment dans leur marche chrétienne. Et dans une Église suffisamment grande pour avoir un ministère parmi les femmes, dirigé par une femme (sous l'autorité des anciens, évidemment), il vaut mieux que celle-ci ait le don d'enseignement et certains des dons d'un pasteur, s'il faut que ce ministère réussisse. Puisse Dieu nous donner plus de femmes qui évangélisent les autres femmes qu'elles connaissent – et même le facteur et le laitier –, ou même qui parlent publiquement à des groupes de femmes, ou vont de porte en porte. Puisse-t-il nous donner des femmes suffisamment versées dans les Écritures et ayant des vies chrétiennes réussies, pour que lorsqu'elles sont plus âgées, elles puissent obéir à l'injonction de Tite 2.3-5 : « Dis que les femmes âgées doivent aussi avoir l'extérieur qui convient à la sainteté, n'être ni médisantes, ni adonnées aux excès de vin ; qu'elles doivent *donner de bonnes instructions, dans le but d'apprendre aux jeunes femmes* à aimer leur mari et leurs enfants, à être retenues, chastes, occupées aux soins domestiques, bonnes, soumises à leur mari, afin que la Parole de Dieu ne soit pas calomniée (*italiques pour souligner*). »

Le problème dans la plupart des Églises qui appliquent rigidement les limites que la Bible impose aux femmes, c'est que les hommes sont souvent si inactifs, spirituellement parlant, qu'une femme qui bouge le petit doigt semble être hors de place, ou usurper l'autorité. Je crois que la façon dont les hommes ont traité les femmes dans le passé est pour une bonne mesure la cause de la révolte actuelle des femmes, et de l'apparition du mouvement féministe. Mais je crois également que le fait que la plupart des Églises conservatrices ont toujours trouvé plus facile d'imposer l'immobilité aux femmes que de faire bouger les hommes, offre une bonne excuse à la pénétration de ces mouvements dans l'Église. Si les hommes exerçaient leurs dons comme ils le doivent, les femmes pourraient faire beaucoup plus dans la vie de l'Église que préparer la nourriture pour les occasions spéciales et nettoyer ensuite. Les dons sont pour tous les chrétiens – qui sont tous des sacrificateurs (1 Pi 2.9) – ; mais ils doivent être exercés en accord avec les restrictions que Dieu a imposées dans l'Église et dans la famille, et sans négliger les responsabilités domestiques particulières qu'il a données à chacun des deux sexes.

En résumé :

Les dons spirituels sont donc des aptitudes, qu'on ne trouve pas chez les non-croyants, que le Saint-Esprit donne à tous ceux – hommes et femmes – qui sont nés de nouveau, et que ceux-ci doivent utiliser pour le service de Christ et de son Église. S'ils ne le font pas, ils pèchent envers Dieu.

3

Avons-nous encore tous les dons bibliques aujourd'hui ?

Première partie

Je pouvais voir que l'homme n'était pas content de me recevoir. Cela me surprenait, car j'avais pris la peine de lui téléphoner pour savoir si je pouvais aller lui rendre visite. Je suis, dans la région où j'habite, la personne de contact pour une émission de télévision évangélique. On m'avait donné son nom parce qu'il avait fait venir de la littérature. Il devait certainement l'avoir reçue. Mais j'ai bien vite compris pourquoi il n'était pas content de me voir. Il était très actif dans une Église évangélique charismatique de la région, et il pensait qu'on m'avait envoyé pour essayer de l'attirer dans une de nos Églises. J'ai eu de la difficulté à le convaincre que je ne savais même pas qui il était. De plus, la littérature qu'il avait fait venir était destinée à présenter le salut aux non-croyants.

Au bout de quelque temps, il a semblé revenir à de meilleurs sentiments. Puisqu'il y a plusieurs Églises évangéliques charismatiques dans notre région – appartenant toutes à des dénominations différentes –, je lui ai demandé poliment quelles étaient les particularités de celle à laquelle il appartenait. Il m'a répondu qu'elle croyait à la « succession apostolique ». Cela m'a surpris. À ma connaissance, seule l'Église romaine, l'Église orthodoxe et l'Église anglicane professent cette doctrine d'une filiation physique ininterrompue entre les premiers apôtres et les prêtres d'aujourd'hui. Comme je lui demandais des précisions, il m'a expliqué que ce que son Église entendait par là, c'était que les chrétiens d'aujourd'hui pouvaient faire les mêmes miracles et les mêmes prodiges que ceux qu'avaient faits les apôtres.

Il s'est ensuite donné comme exemple, et il m'a dit qu'il avait le don des guérisons. Je lui ai demandé respectueusement quelles maladies il avait déjà guéries. « Et bien, m'a-t-il dit, jusqu'à présent je n'ai guéri que des maux de tête et de dos. Mais lorsque j'aurai assez de foi, je pourrai tout guérir. »

Je crois que nous ne pouvons pas mettre Dieu dans une boîte, ni le limiter de quelque façon que ce soit. Il est libre de faire ce qu'il veut, quand et où il veut le faire. Il ne fait aucun doute non plus que « Jésus-Christ est le même hier, aujourd'hui et éternellement » (Hé 13.8). Mais il s'agit là d'une vérité qu'on peut sortir de son contexte pour lui faire dire ce qu'on veut. C'est ce que certains font également avec : « il n'y a plus ni homme ni femme » (Ga 3.28), et avec : « avec ceux qui sont sans loi, [j'ai été] comme sans loi » (1 Co 9.21). Il est vrai que Dieu, – Père, Fils et Saint-Esprit –, ne change pas ; mais si on prend la peine de lire soigneusement toute l'Écriture, on ne peut pas ne pas remarquer qu'il n'agit pas toujours de la même façon.

1. Les quatre ministères d'Éphésiens 4.11

Prenons d'abord les quatre ministères énumérés dans Éphésiens 4.11, et essayons d'imaginer la situation dans l'Église primitive. La seule Sainte Écriture disponible est l'Ancien Testament. Christ a donc envoyé ses apôtres pour prêcher et révéler la Parole de Dieu en même temps. Mais après que les apôtres laissent les Églises qu'ils ont fondées et affermies dans la foi, des problèmes pour lesquels elles n'ont pas reçu d'instruction apparaissent dans la vie de ces Églises. C'est alors qu'interviennent les prophètes, dans le sens restreint du terme, qui, comme nous l'avons déjà dit, reçoivent directement de Dieu les instructions nécessaires[1].

Avec les années qui passent, les apôtres meurent les uns après les autres, et les copies de leurs lettres qui sont devenues la Parole de Dieu écrite, le Nouveau Testament, circulent parmi les Églises. Les évangélistes peuvent maintenant prendre la relève des apôtres, aller partout prêcher l'Évangile qui a été révélé, et établir des Églises[2]. Au fur et à mesure que la Parole révélée de Dieu circule par écrit, le besoin de prophètes diminue, et celui de docteurs, qui connaissent bien cette Parole écrite, devient plus grand. Bientôt, tous les apôtres sont morts, et le ministère de prophète n'est plus nécessaire[3].

---

1. « Les prophètes étaient les porte-parole de Dieu. Ils recevaient des révélations directement du Seigneur et les transmettaient à l'Église. Ce qu'ils disaient par la puissance du Saint-Esprit était la Parole de Dieu » (William MacDONALD *Believer's Bible Commentary, New Testament*, Nashville, Thomas Nelson Publishers, 1990, p. 750,751).
2. Sans insister indûment sur ce fait, on peut quand même remarquer que lorsque Paul énumère les différents ministères par ordre d'importance – tout au moins pour les premiers de la liste – dans 1 Corinthiens 12.28 – une épître plus ancienne –, il ne mentionne pas celui d'évangéliste ; mais que par contre il l'ajoute aux trois autres dans Éphésiens 4.11 – une épître plus tardive (quoique de seulement six ans).
3. « Dans le sens restreint du terme nous n'avons plus ni apôtres ni prophètes. Leur ministère s'est terminé avec la fin du fondement de l'Église » (W. MacDONALD, *Believer's...*, p. 751).

Quelqu'un dira peut-être : « Mais est-ce que le don de prophétie (dans son sens restreint s'entend) ne serait pas utile encore aujourd'hui pour résoudre les problèmes ? » Au premier abord, on le croirait. Mais si on y pense bien, croire que ce don existe encore aujourd'hui crée plus de problèmes qu'il n'en résout. Imaginez, en effet, qu'un problème apparaisse, dans la vie d'une personne ou d'une Église, et qu'on le résolve au moyen d'une révélation spéciale de Dieu. Vient alors un autre problème auquel il semble que l'Écriture offre la solution. Mais quelqu'un n'est pas d'accord avec la solution proposée, et dit : « C'est vrai que la Bible dit cela. Mais le cas présent n'est pas exactement le même que celui qu'elle décrit. Je crois que nous devons attendre que Dieu révèle sa volonté pour le cas qui nous préoccupe. » (Comme peut le confirmer n'importe quel chrétien qui fait du ministère pastoral ou de la cure d'âme, à peu près tout le monde croit sa situation différente de celle des autres). Sur quoi peut-on s'appuyer pour dire à cette personne qu'elle a tort ? En fait, tout est maintenant devenu une question d'opinion personnelle : faut-il, oui ou non, d'autres révélations de la part de Dieu pour résoudre le problème qui existe ? Je crois qu'il est bien évident que d'insister sur la nécessité du don de prophétie pour aujourd'hui, c'est nier – sans le faire clairement – que la Bible, la Parole de Dieu, est l'autorité suprême et *toute suffisante* en matières de foi et de comportement chrétien, dans la vie privée comme dans celle de l'Église.

2. Les dons miraculeux

Considérons maintenant la question des dons miraculeux : les dons des guérisons, des miracles, des langues et de l'interprétation des langues. Encore une fois, je crois que nous ne devons pas limiter Dieu. Mais, encore une fois, je crois que l'Écriture montre qu'il n'agit pas de la même façon à toutes les époques.

a. Les miracles à travers la Bible

La première concentration importante de miracles qu'on trouve dans la Bible est celle de la période de l'Exode. Mais considérez la situation. Selon les croyances de l'époque, la victoire d'une nation sur une autre est la victoire de son dieu, ou plus souvent de ses dieux, sur ceux de la nation défaite. Or les Israélites sont esclaves en Égypte. Quelle est donc la conclusion normale qu'on peut faire concernant leur dieu ou leurs dieux ? Pire encore, les Israélites ne vivent pas en Égypte comme un peuple fidèle à son Dieu, qui souffre à cause de cette fidélité. Lorsqu'on commence à lire ou à étudier l'Exode, il est toujours bon de lire d'abord deux passages de la Bible qui nous donnent une bonne idée de la conduite d'Israël en Égypte durant l'intervalle qu'il y a entre les derniers chapitres de la Genèse et les premiers de l'Exode. Il s'agit de Josué 24.14 et d'Ézéchiel 20.5-10. On apprend dans ces passages que les enfants d'Israël en Égypte adoraient les mêmes idoles que les Égyptiens ; que Dieu lui-même s'est révélé à eux, leur a promis de les libérer, et leur a demandé d'abandonner ces idoles. Ils ne l'ont pas fait, et Dieu a pensé à les détruire en Egypte. Mais il les a quand même délivrés par égard pour son nom, et pour sa réputation parmi les nations païennes d'alors.

Ainsi donc, bien que posée en grande partie par moquerie, la question de Pharaon était sincère : « Qui est l'Éternel, pour que j'obéisse à sa voix, en laissant aller Israël ? Je ne connais point l'Éternel... » (Ex 5.2). Le pharaon qui régnait du temps de Joseph n'aurait jamais posé une telle question.

43

Il avait vu le Dieu de Joseph en action dans la vie de celui-ci. Et si Joseph lui avait dit : « Le Dieu d'Israël veut que nous retournions dans le pays qu'il a juré de nous donner », il est très probable que ce pharaon-là aurait répondu : « Cela nous peine, moi et mon peuple, de vous voir partir. Mais si c'est ce que votre Dieu a ordonné : partez ! Assure-toi simplement de bien organiser les choses de l'État avant de partir, pour que mon pays fonctionne bien après votre départ. »

Au pharaon qui régnait au temps de l'Exode, il a fallu que Dieu montre qui il était. On a déjà beaucoup écrit sur le fait que les dix plaies d'Égypte touchaient les domaines attribués par les Égyptiens à leurs différents dieux, et nous ne reviendrons pas là-dessus. Mais Dieu a montré qui il était à toutes les nations de cette partie du monde jusqu'à ce que les enfants d'Israël soient installés en Canaan. Une fois qu'ils ont été établis, leur vie ne devait plus être guidée par des signes, mais par la Parole révélée de Dieu (De 5.31-33 ; Jos 23.6).

Malheureusement, ils ont été infidèles, et ils ont si mal transmis les enseignements de la Parole de Dieu d'une génération à l'autre, et la situation dans le pays est devenue si terrible, qu'éventuellement, certains Israélites pouvaient bien demander : « Qui est Dieu, l'Éternel ou Baal ? » (1 R 18.20-36). Et il est certain que les nations d'alentours, en particulier la Syrie, avaient besoin de l'apprendre, puisqu'elles considéraient encore que la victoire d'une nation sur une autre était la victoire de ses dieux sur ceux de la nation vaincue[4].

4. Cette interprétation de la guerre et de la victoire est en effet celle qui a prévalu durant toute la période biblique. Les choses n'ont changé qu'avec l'établissement du christianisme qui était une religion universelle, qui transcendait frontières et peuples. C'est là un facteur dont il faut tenir compte en lisant tout l'Ancien Testament – bien qu'on néglige trop souvent de le faire.

Alors Dieu a envoyé Élie, puis Élisée, qui par leurs miracles ont montré qui était le vrai Dieu. Mais Israël a de nouveau été infidèle, et son châtiment a été d'être emmené en captivité – en accord avec l'avertissement de Deutéronome 4.25-27. Seule une partie du peuple est revenue dans son pays pour attendre la venue du Messie sous la direction des prophètes. Il est vrai qu'il y a eu quelques autres miracles reliés aux ministères des juges et des prophètes : mais le but était toujours que ce soit un signe pour ceux qui n'avaient, à priori, pas de raisons de se soumettre aux Écritures. Parmi les exemples, notons celui des Philistins de l'époque de Samson (Jg 13 - 16), et celui des rois étrangers du livre de Daniel.

Finalement est arrivé Jean-Baptiste. Qu'a-t-il fait comme miracles ? La Bible n'en rapporte aucun ! Pourtant, Jésus l'a comparé à Élie – ce grand faiseur de miracles –, parce qu'il a eu un ministère semblable au sien (Mt 11.14). De plus, un ange avait annoncé avant sa naissance qu'il marcherait « avec *l'esprit* et *la puissance* d'Élie » (Lu 1.17). Malgré tout cela, il n'a fait aucun miracle (Jn 10.41). Pourquoi ? Parce qu'il ne faisait que réitérer le message des prophètes – bien qu'avec plus d'insistance, car le Messie était à la porte. Si quelqu'un voulait savoir s'il disait la vérité, il n'avait qu'à lire les prophètes.

Si nous voulons un antidote à la mauvaise application des paroles bibliques « Jésus-Christ est le même hier, aujourd'hui, et éternellement » (Hé 13.8), de même qu'une réponse à l'affirmation que « si nous avons le même Esprit et le même pouvoir que les apôtres, nous devrions faire les mêmes miracles », c'est certainement dans le ministère de Jean Baptiste, le second Élie, que nous les trouvons. Nous avons là une démonstration du fait que la présence de la même puissance de Dieu ne se manifeste pas toujours par les mêmes œuvres. Jean était pourtant un grand prophète (Lu 7.28). Il a attiré beaucoup de disciples : des vrais et des faux (Mt 3.5-8) – tout comme allait le faire Jésus. Il a vraiment préparé le peuple à suivre le Messie (Mt 3.11,12 ; Jn 1.35-37 ; Ac 19.1-7).

Puis est venu Jésus, disant : « Je suis le Messie ! » On pouvait très bien lui dire : « Ah oui ? Prouve-le donc ! » Tout ce qu'on pouvait prouver par les Écritures, c'était qu'un Messie allait venir. Mais n'importe qui pouvait prétendre qu'il était ce Messie. Plusieurs l'ont fait ; et beaucoup les ont suivis, parce qu'ils étaient convaincus que la libération politique que ces faux messies leur offraient constituait l'aspect important de l'œuvre du Messie. Alors, Jésus a fait des miracles, beaucoup de miracles, pour démontrer qu'il était, lui, le véritable Messie (Lu 7.18-23). Tout comme un homme immensément riche pourrait démontrer sa richesse en jetant des poignées de pièces aux pauvres tout au long de son chemin, Jésus a jeté des « poignées » de miracles et de guérisons. C'est également dans le but de démontrer sa messianité qu'il a envoyé ses disciples en tournée, après leur avoir conféré des dons miraculeux – les douze (Mt 10.1-10 [remarquez les versets 5b-7] ; Mc 6.7-13) et les soixante-dix (Lu 10.1-12). Tout cela ne lui a cependant pas évité d'être rejeté, trahi, crucifié et enterré.

Lorsqu'est apparue une bande de personnes qui affirmaient : « Il vit ! Il est ressuscité ! » On pouvait encore une fois dire : « Ah oui ? Prouvez-le ! » Dieu l'a prouvé. À la Pentecôte (Ac 2), un bruit si violent est venu du ciel qu'il a attiré la population de la ville. Et alors que les Juifs venant d'une quantité de pays étrangers se sont rassemblés sur les lieux, ils ont entendu les disciples parler les langues des pays dont ils provenaient – et que n'auraient normalement pas pu parler des Galiléens. Il était évident pour eux que quelque chose d'extraordinaire se produisait. Mais ce dont les disciples parlaient dans toutes ces langues, c'était « des merveilles de Dieu » (v. 11 – certains commentateurs croient que les disciples récitaient probablement les prières que les Juifs récitaient habituellement à la Pentecôte). Cela a assuré les Juifs étrangers que l'événement qu'ils voyaient se produire était un miracle venu du Dieu qu'eux-mêmes adoraient. Leur attention et leur cœur ayant été éveillés, Pierre leur a donné un message dans la langue qu'ils comprenaient tous. La récolte d'âmes a été formidable (v. 41).

Les apôtres ont continué à prêcher le Seigneur Jésus-Christ, et Dieu a confirmé leur message par des signes et des miracles. Cependant, John MacArthur fait une remarque intéressante : « Rien dans le Nouveau Testament n'indique que qui que ce soit d'autre que Jésus ait fait des miracles avec la nature. Les apôtres n'ont jamais créé de nourriture, calmé la mer, ou marché sur les eaux par eux-mêmes. (Lorsque Pierre a marché sur les eaux – et il ne l'a fait qu'une seule fois –, Jésus était là et lui a permis de le faire.)⁵ » Puisque Élie et Élisée ont fait des miracles avec la nature, nous avons encore là une démonstration du fait que la même puissance de Dieu ne se manifeste pas toujours de la même façon.

Lorsqu'on lit les épîtres, on est surpris de voir combien peu il est question des miracles. Après tout, même ceux d'entre nous qui ne sont pas membres d'une Église dite charismatique savent la place importante qu'occupe le sujet dans les activités et l'enseignement d'une telle Église. Si c'est là le modèle biblique, comment se fait-il qu'aucune des épîtres n'encourage les chrétiens à chercher à faire des miracles, ou les Églises à les incorporer à leur ministère. Dans sa

5. John F. MACARTHUR, Jr., *Charismatic Chaos*, Grand Rapids, Zondervan, 1992, p. 200.

première épître aux Corinthiens – une des premières épîtres à avoir été écrites – Paul reconnaît leur existence ; mais malgré cela, lorsqu'il donne ses instructions au chapitre 14 sur la façon de conduire une réunion, il ne dit rien sur leur incorporation dans le déroulement de celle-ci – à part de mettre de l'ordre dans la manifestation du parler en langues. Et s'il est possible de considérer ses paroles de 2.4,5 comme une allusion aux miracles, ce qu'il vient de dire dans 1.22,23 semble bien indiquer qu'ils n'étaient pas de première importance pour lui. Dans 2 Corinthiens 12.12, il mentionne les miracles qu'il a faits, mais seulement pour donner la preuve de son apostolat.

De plus, Paul consacre une bonne partie de 2 Corinthiens à défendre son ministère contre de fausses accusations : là comme à plusieurs autres endroits de ses épîtres, il doit faire face au problème de faux docteurs, des « ministres de Satan », qui essaient de détruire son œuvre. Or, il les combat avec les mêmes armes qu'utiliserait n'importe quel croyant aujourd'hui : la Parole de Dieu. Pourquoi ne les défie-t-il pas dans une rencontre comme celle d'Élie avec les prophètes de Baal, lors de laquelle il pourrait au moins faire ce qu'il a fait à Élymas (Ac 12.6-12), ou même à la jeune servante animée d'un esprit de divination (Ac 16.16-18).

Le ministère de Paul à Éphèse a commencé avec des miracles étonnants (Ac 19.11-20). Voici comment Dean S. Gilliland décrit la situation dans cette ville : « Éphèse était bien connue, auprès comme au loin pour ses sanctuaires et ses rites païens, pour ses enchantements liés au culte de la déesse Diane. Il n'est pas surprenant qu'au milieu de toute cette magie et de cette divination, Paul ait dû apporter la guérison par la puissance du Saint-Esprit. On a même transmis la guérison venant de Paul au moyen de mouchoirs et de linges. Paul a également fait des exorcismes tellement frappants, que les exorcistes locaux ont essayé de l'imiter (Ac 19.11-20). *Mais cela ne s'est produit qu'à Éphèse.* Les croyances locales le rendaient nécessaire. La conception des choses qu'avaient les habitants de cette ville donnait à Paul l'occasion de démontrer la puissance de Dieu par des actes qui paraissaient magiques. L'univers des Éphésiens était un univers de magie, et Paul a bâti sur ce fait *[italiques pour souligner].*[6] » Pourtant, dans Éphésiens – une épître écrite plus tard – il ne mentionne pas les miracles, même en parlant des ministères. Après avoir donné un fondement doctrinal, il exhorte les Éphésiens sur tous les domaines de leur vie, dans l'Église et au-dehors, mais il ne dit rien des gestes miraculeux. Même après avoir expliqué clairement que nous ne combattons pas contre les gens auxquels nous nous adressons, mais contre les puissances démoniaques, c'est encore « l'épée de l'Esprit, qui est la Parole de Dieu » qu'il mentionne comme seule arme offensive du chrétien (6.10-18).

Dans son épître aux Galates, Paul rappelle que c'est une maladie aux symptômes plutôt repoussants qui lui a permis de prêcher pour la première fois l'Évangile en Galatie (Ga 4.13,14). Et bien que Dieu ait fait apparemment plus tard certains miracles en Galatie (Ga 3.5), il n'a pas choisi à ce moment là de guérir Paul miraculeusement pour donner de l'impact à son message. Il a plutôt fait pénétrer le message dans le cœur des Galates et les a amenés à la conversion malgré l'aspect repousant du messager. Et il a ensuite mis dans leur cœur la sollicitude nécessaire pour qu'ils viennent en aide à son messager malade (Ga 4.14). Voilà certes une manifestation de la puissance de Dieu bien différente de celle que certains croient nécessaire à une prédication de l'Évangile faite « avec puissance ».

---

6. *Pauline Theology & Mission Practice*, Grand Rapids, Baker Book House, 1983, p. 116.

Ce changement dans le ministère des apôtres n'était rien de nouveau. Nous avons déjà vu qu'il est évident que Dieu n'agit pas toujours de la même façon, même dans des circonstances similaires. Il vaut la peine aussi de nous rappeler la façon dont les enfants d'Israël ont conquis Canaan. Ils avaient passé quarante années dans le désert. Le souvenir de leur sortie miraculeuse d'Égypte n'était pas entièrement effacé de la mémoire des nations d'alentour, seulement un peu affaibli. Dieu réveille donc ce souvenir en donnant à Israël des victoires contre les rois qui règnent de l'autre côté du Jourdain (De 2.16 – 3.12 – Remarquez surtout le verset 2.25). Rahab exprime bien l'effet de l'œuvre de Dieu (Jos 2.10). Cependant, il semble bien clair que Josué s'attendait à prendre Canaan par des victoires militaires – remportées, bien sûr, avec l'aide de Dieu. Il envoie donc espionner le pays dans lequel le peuple allait bientôt pénétrer, « en particulier Jéricho » (Jos 2.1). Mais Dieu avait d'autres plans. Il commence par faire traverser le Jourdain à pied sec par son peuple, pas loin de Jéricho. Puis, comme Josué, campé apparemment dans les environs de la ville, semble réfléchir à un plan de bataille (5.13 – 6.1), Dieu prend la situation en main, et dit à Josué qu'il va lui livrer la ville de façon spectaculaire (v. 2-5). Nous connaissons bien la suite de l'histoire.

N'était-ce pas là une façon simple de faire les choses ? N'était-ce pas là une façon qui glorifiait vraiment Dieu ? Et puisque Dieu demeure le même, il était certainement capable de répéter la chose autant de fois qu'il le voulait. De plus, les enfants d'Israël savaient maintenant ce qu'il fallait faire. Ils savaient aussi qu'ils pouvaient avoir confiance en Dieu. Si vous croyez que les miracles spectaculaires devraient être une chose commune aujourd'hui, n'avez-vous pas l'impression que Dieu aurait vraiment été glorifié si les murailles de toutes les villes de Canaan étaient tombées comme celles de Jéricho, au fur et à mesure que Josué y arrivait ? Il y aurait vraiment eu de quoi crier : « Gloire à Dieu ! Alléluia ! » Mais combien d'autres villes de Canaan les Israélites ont-ils prises en faisant sonner les trompettes et en criant autour de leurs murailles ? Aucune ! Lisez depuis Josué 10.28 jusqu'à la fin du chapitre 12. Ville après ville tombent devant Josué, toutes à cause de l'aide de Dieu à l'armée d'Israël (ex. : 10.29,30 et 31,32 ; etc), mais aucune d'elles parce qu'il en a fait tomber miraculeusement les murailles au son des trompettes et des cris du peuple. Les circonstances étaient les mêmes, c'était le même Dieu qui agissait, avec les mêmes pouvoirs : mais il n'a pas répété l'acte spectaculaire du début. De quel droit oserions-nous prétendre que parce que Dieu a établi son Église avec des signes et des miracles spectaculaires, nous pouvons nous attendre à ce qu'il continue à le faire. Ce sont ceux qui s'attendent à ce qu'il le fasse qui ne comprennent pas la façon d'agir de Dieu, et non les autres.

Une chose que nous trouvons dans toutes les épîtres est une exhortation à vivre et à se conduire d'une façon qui frappe les gens et les porte à se demander ce qu'il peut y avoir de particulier dans la vie de personnes qui se conduisent de façon si différente. Ce témoignage envers le monde se voit très bien dans les dernières épîtres. 1 Timothée parle de la prière pour les autorités (2.12) ; de l'importance pour l'ancien de recevoir un bon témoignage de ceux du dehors (3.7) ; et de la soumission des serviteurs chrétiens à leur maître (6.1). Tite traite de la bonne attitude envers les autorités et les gens en général (3.1,2). Et 1 Pierre – une des dernières épîtres écrites – exhorte le chrétien à avoir une bonne attitude envers les autorités, un maître, un mari non sauvé et les gens en général – et cela, en dépit de tous les mauvais traitements (2.12 - 4.6).

Les dons naturels et les dons spirituels

Souvent, nous lisons dans les Actes le récit de la délivrance miraculeuse de certains des apôtres, et nous prenons cela pour la norme. Nous oublions le cas de Jacques (Ac 12.1,2), ou nous le considérons comme une exception. Nous oublions aussi les persécutions terribles qui allaient bientôt venir, et durant lesquelles tant de chrétiens et de chrétiennes allaient mourir martyrs. Et pour autant que nous sachions, la plupart des Douze ont été parmi eux, de même que Paul, Marc et Barnabas. Nous sommes là à une époque de persécution. Les miracles auraient semblé plus nécessaires que jamais. Mais rien ne s'est passé. Un moqueur aurait pu demander où donc était le Dieu de Daniel, celui qui avait délivré les apôtres précédemment – et qui est censément « le même hier, aujourd'hui, et éternellement ».

Dieu était là, et il voyait tout cela – et il souffrait certainement avec ses enfants (voir Za 2.8). Mais, à ce moment-là, il avait décidé de se glorifier de façon différente. La question sous-entendue dans les paroles du diable dans les deux premiers chapitres du livre de Job continuera à se poser aussi longtemps que le monde présent demeurera : Est-ce que Dieu mérite quand même l'adoration et l'obéissance de ses enfants lorsqu'il les laisse souffrir, ou est-ce qu'il les mérite seulement lorsqu'il leur donne des possessions matérielles et leur évite tout désagrément ? C'est pourquoi, Dieu doit parfois faire comme il a fait avec Job : permettre la souffrance. C'est tout à l'honneur de Job que malgré qu'il ne comprenait pas ce que Dieu faisait, il a néanmoins considéré que Dieu méritait adoration et obéissance, même lorsqu'il agissait d'une façon incompréhensible. Ceux qui aujourd'hui courent constamment après leur miracle, qui prêchent que Dieu ne donne que santé et richesse, ou n'attendent que cela de lui, ne semblent pas avoir compris plus que Job. Si seulement ils avaient la même attitude que lui.

Je connaissais une dame assez maladive dans une des Églises de la région où j'habite. Comme elle croyait à la guérison miraculeuse de ceux qui ont la foi, et aucun péché non confessé, elle se désespérait chaque fois qu'elle devait faire un autre séjour à l'hôpital malgré les prières pour son rétablissement. J'ai pu avoir avec elle une longue conversation. Entre autres choses, je lui ai montré que la maladie faisait partie de l'héritage physique de l'humanité déchue – qui restera le nôtre jusqu'au jour de la résurrection (1 Co 15.42-44 ; 2 Co 5.1-3). Je lui ai expliqué, qu'excepté en certaines occasions de son choix, Dieu choisit de se glorifier dans la vie de ses enfants, non pas en les guérissant, mais en montrant au monde la façon différente dont ils réagissent lorsqu'ils sont malades. Lorsqu'elle est revenue de son séjour suivant à l'hôpital, elle était joyeuse. Pour la première fois, elle avait pu témoigner à ses compagnes de chambre qui étaient dans la même condition qu'elle, mais qui ne pouvaient pas l'accepter. Lors de tous ses autres séjours, elle n'avait pas pu avoir de témoignage chrétien, parce qu'elle était trop occupée à bouder dans son lit, comme un enfant qui trouve que son père le traite injustement.

Lorsqu'on lit des textes d'auteurs païens de l'époque de l'Église primitive, on s'aperçoit que c'est la façon même dont tant d'hommes et tant de femmes mouraient pour Christ, et vivaient pour Christ, particulièrement la façon dont ils agissaient envers les autres – chrétiens et non-chrétiens –, qui a donné de la crédibilité et de l'élan à l'Église chrétienne. Elle a bientôt touché tout le monde connu à l'époque. Ce qui confirmait la prédication de l'Église une fois qu'elle était implantée quelque part, c'était la conduite différente et recommandable de ses membres. C'en est encore la meilleure confirmation aujourd'hui (Jn 13.34,35 ; 17.21). Cependant, il semble souvent que nous trouvons plus facile de demander au Saint-Esprit d'accomplir des miracles dans nos réunions, que de le laisser transformer nos vies.

4

Avons-nous encore tous les dons bibliques aujourd'hui ?

Deuxième partie

b. Les guérisons et les miracles aujourd'hui

On m'a souvent demandé : « Est-ce que vous ne croyez pas que le Seigneur puisse encore guérir et faire des miracles aujourd'hui ? N'y a-t-il pas des régions du monde où les gens peuvent sincèrement demander qui est le vrai Dieu ? Est-ce que la situation dans nos pays occidentaux n'en est pas maintenant au point où nous avons à nouveau besoin de miracles ? Et que pensez-vous de Jacques 5.14,15 ? »

À la question : « Est-ce que Dieu PEUT encore ? » quiconque croit aux enseignements de la Bible ne peut répondre que par l'affirmative. Est-ce qu'il le fait encore ? Oui, je crois que Dieu guérit encore, en réponse à la prière. Je connais des cas indiscutables. Mais il ne s'agit pas là du don des guérisons, et ce n'est pas sa façon habituelle de faire les choses. Pour ce qui est des miracles : bien sûr que Dieu en fait encore – en réponse à la prière ou autrement. De cela aussi je connais des cas indiscutables – certains personnellement. Mais là non plus, il ne s'agit pas du don des miracles. Les dons des guérisons ou des miracles dont la Bible parle, ne sont pas des miracles ou des guérisons que Dieu donne à tous les chrétiens qui sont prêts à les accepter par la foi. Lorsque la Bible parle du don des guérisons ou de celui des miracles, elle parle – comme je l'ai dit dans les définitions des dons – de la capacité, du don, reçu de Dieu, d'opérer des guérisons, ou de faire des miracles. Même s'il ne s'agit pas d'une puissance personnelle de ceux qui font ces choses (Ac 3.12), le don n'en est pas moins lié à leur personne[1].

---

1. Ce détail est important. J'ai eu la triste tâche de devoir réconforter un pauvre chrétien à qui un soi-disant faiseur de miracles avait dit, après plusieurs vaines tentatives pour le guérir : « Jésus ne peut pas te guérir, tu n'as pas la foi ! » et, pire encore, il avait ajouté : « ou alors, tu dois avoir un péché caché que tu ne veux pas confesser. » J'ai aussi connu une chrétienne qui a jeté ses pilules après avoir entendu Jimmy Swaggart, le prédicateur américain de triste renom, dire dans son émission de télévision que lorsqu'on acceptait la guérison de Christ il fallait y croire même si on ne la ressentait pas encore, et que de continuer à prendre ses médicaments était une preuve d'un manque de foi. Elle a annoncé à son médecin qu'elle était guérie et qu'elle arrêtait donc de prendre ses pilules. Son médecin l'a mise en garde, en lui disant qu'elle risquait sa vie. Elle ne l'a pas écouté. Elle est morte quelques jours après. (Je n'ai pas pu m'empêcher de me demander combien d'autres chrétiens dans le monde mouraient de cette façon.) Il y avait d'ailleurs déjà quelques années qu'elle prétendait avoir été guérie de l'asthme, même si elle continuait à respirer en sifflant comme un vieux soufflet de forge. Ni le fils de la veuve de Naïn (Lu 7.12-15), ni la fillette de Jaïrus (Lu 8.41-56), ni Lazare (Jn 11), n'avaient certainement la foi pour ressusciter. Pourtant Jésus les a ressuscités. Et on peut dire la même chose de Dorcas, que Pierre a ressuscitée (Ac 9.36-41). Quand au boiteux de naissance que Pierre et Jean ont guéri au temple, c'est de l'argent qu'il s'attendait à recevoir (Ac 3.5-8). Il est aussi intéressant de constater que l'histoire de la guérison de la fille de Jaïrus est entrecoupée dans Matthieu, Marc et Luc, par celle de la femme qui avait une perte de sang et qui a été indubitablement guérie par sa foi en touchant le bord du vêtement de Jésus. On croirait vraiment que les choses sont rapportées de cette façon pour nous démontrer que la foi peut guérir, mais que lorsque quelqu'un a le véritable don de guérir, la foi du malade est sans aucune importance.

Même les missionnaires de groupes chrétiens non charismatiques peuvent rapporter des miracles dont ils ont été témoins. Mais la plupart des miracles ne sont pas des événements spectaculaires – on pourrait facilement les prendre pour de simples coïncidences (comme être au bon endroit au bon moment) s'il n'était évident qu'ils sont un effet de la providence de Dieu.

Durant la dernière guerre mondiale, la Belgique était un territoire occupé, et mon père était travailleur forcé en Allemagne. Il était payé et n'était pas maltraité – il rentrait même à la maison pour deux semaines de vacances deux fois par année – ; mais il n'avait pas le choix de refuser. Un jour, il a décidé de ne pas retourner. Mais un soir, environ deux semaines plus tard, comme il allait se mettre au lit avec ma mère, il lui a dit : « Voudrais-tu faire mes valises ! Quelque chose me dit que je dois repartir pour l'Allemagne demain matin. » C'est ce qu'il a fait. Le soir suivant, après que tout le monde était couché, on a frappé brutalement à notre porte. C'était la Gestapo – la police secrète allemande – qui venait chercher mon père. Les policiers n'étaient pas certains de pouvoir croire ma mère qui leur disait que mon père était reparti ; mais, après avoir fouillé la maison, ils sont partis en l'avertissant que si elle avait menti elle le regretterait. On a puni mon père en lui ôtant ses deux semaines de vacances suivantes. Si la Gestapo l'avait trouvé chez nous, elle l'aurait emmené dans un camp de concentration.

Environ un an plus tard, mon père a décidé à nouveau qu'il ne retournerait pas en Allemagne. Un jour ou deux après celui où il aurait dû être rentré au camp, la BBC a annoncé que l'aviation alliée avait rayé de la carte la ville où le camp se trouvait. Non seulement mon père n'a pas subi le sort de plusieurs de ses copains, qui ont été tués, mais cette fois-ci, la Gestapo n'est pas venue le chercher. Il ne restait apparemment pas assez de registres et de survivants pour établir quoi que ce soit.

Un jour où nous n'avions plus rien à manger dans la maison, je suis sorti jouer (j'avais environ cinq ou six ans). En tournant le coin de la rue, j'ai vu un homme qui livrait des sacs de pommes de terre avec une camionnette. Un des sacs, qu'il avait mis sur le bord du hayon, s'est ouvert, et des pommes de terre en sont tombées. En accord avec l'éducation que me donnaient mes parents, je suis allé aider l'homme à les ramasser. Comme je m'éloignais, une fois le travail fini, il m'a rappelé. Il y avait une armature de bois qui donnait sa solidité à la partie arrière en tôle de la camionnette. Comme celle-ci était au départ remplie jusqu'en haut, des pommes de terre qui étaient tombées des sacs s'étaient déposées dans les rebords. L'homme a pris un journal, y a mis environ deux kilos de pommes de terre qu'il a retirées de ces rebords et me les a données. Je vous laisse deviner la réaction de ma mère lorsqu'elle m'a vu arriver avec cette « manne ».

Tout de suite après la libération de la Belgique par les troupes alliées, nous étions libres, mais nous mourions de faim. Alors que nous étions à peu près à bout de forces, mes parents ont rencontré « par hasard » sur la rue un jeune homme qu'ils connaissaient. Au cours de la conversation, il a suggéré : « Allez donc voir M. Untel, à telle adresse ! » Mes parents y sont allés, et ils ont tous deux été engagés pour travailler dans un hôpital militaire britannique. Leur salaire, et surtout les restes de nourriture qu'ils rapportaient tous les jours à la maison, nous ont remis sur pied.

Il ne fait absolument aucun doute pour moi que Dieu est intervenu souverainement et miraculeusement dans ces incidents – mais aucun n'était spectaculaire. Dieu a donné une profonde conviction à mon père, il s'est servi de mon éducation chrétienne, et il a mis un jeune homme sur le chemin de mes parents au bon moment. Il aurait pu nous envoyer un chrétien avec un don de prophétie, donner à mon père une vision, ou multiplier le dernier morceau de pain que nous avions. Je dirais même que je suis convaincu que si cela avait été les seules solutions possibles, il l'aurait fait. Mais elles ne l'étaient pas, et nous étions ses enfants : nous n'avions pas besoin de cela pour croire en lui et pour reconnaître l'action de sa main.

Parce que mon ministère est pour une bonne part itinérant, je suis souvent parti avec ma voiture. Et comme ma femme fait des visites et veut aller aux réunions de l'Église pendant que je suis parti, il lui faut une voiture également. Il y a quelques années, elle a hérité d'un petit montant d'argent, et nous avons pensé qu'elle devrait en profiter pour remplacer sa voiture qui était à bout de souffle. Évidemment, nous avons remis la chose entre les mains de Dieu, et elle a trouvé chez un vendeur d'autos d'occasion de la région une petite voiture qui répondait à ses besoins. Elle l'a donc achetée. Or, les clés de la voiture étaient réunies par un porte-clés au nom du précédent propriétaire. C'était un nom étranger et plutôt rare. Nous avons pensé que ce serait bien d'en savoir un peu plus sur le passé du véhicule. Alors, présumant qu'il venait de quelque part dans la région de Montréal, nous avons consulté l'annuaire. Un seul numéro appartenait à un abonné du nom qui nous intéressait ; et lorsque nous avons appelé, nous avons découvert que le numéro avait maintenant été attribué à un autre abonné. La personne que nous recherchions avait apparemment déménagé en dehors de la région. Nos recherches s'arrêtaient là. Cependant, quelques mois plus tard, ma femme est allée à une conférence de femmes chrétiennes. Un groupe d'entre elles à chanté. Et lorsque les noms des membres du groupe ont été annoncés, ma femme a reconnu celui qui était sur son porte-clés. Après la réunion, elle s'est approchée de la dame qui portait le nom en question, et elle lui a parlé de la voiture. Le visage de cette sœur s'est alors illuminé. Elle a dit : « Et oui, c'était bien notre voiture. C'était une bonne voiture, et comme mon mari est mécanicien, il l'a toujours gardée en bon état. Mais il y a quelques mois, nous avons pu faire une très bonne affaire pour une voiture neuve, et nous avons dû nous débarrasser de celle-là. Étant donné son bon état, nous avons demandé au Seigneur de nous diriger vers un chrétien qui en avait besoin. Nous nous sommes renseignés tout autour de nous, mais en vain. Finalement, c'est le cœur gros que nous l'avons vendue à un vendeur de voitures d'occasion du coin. » Oui, c'était cette voiture-là, qui était passée de ce vendeur à un autre de notre région, et que ma femme avait achetée. Ne me dites pas que ce n'était qu'une coïncidence. Mais Dieu n'a utilisé ni prophète, ni songe.

Je pourrais rapporter d'autres histoires semblables, qui me sont arrivées tout au long de ma vie. Dans certains cas, l'intervention de Dieu n'a pas été si immédiate ni si évidemment plaisante. Parfois, elle a même été désagréable, ou contraire à ce que je demandais dans mes prières, et je n'en ai vu le bien fondé que beaucoup plus tard. Bien des chrétiens pourraient rapporter des incidents semblables. Je me remémore tous ceux que j'ai entendu le faire dans leur témoignage sur leur conversion, et leur vie ou leur service pour le Seigneur. J'insiste donc encore : je ne nie aucunement que Dieu fait encore des miracles aujourd'hui. Si nous avons au ciel la possibilité de revoir les événements de notre vie, il est certain que nous resterons bouche bée, et que nous tomberons sur notre face et glorifierons Dieu en constatant les milliers de fois où il est miraculeusement intervenu.

Isolée, chacune de ces occasions peut sembler être une coïncidence, mais toutes ensemble, elles sont la preuve du plan merveilleux de Dieu pour notre vie. Je me rappelle également l'histoire de ce serviteur de Dieu à qui un incroyant disait que toutes ces prétendues réponses à ses prières n'étaient que d'heureuses coïncidences, et qui lui a rétorqué : « Et bien, il semble que plus je prie, plus il se produit de coïncidences heureuses. Je vais donc continuer à prier ! » Le point de tout mon argument n'est donc pas que Dieu ne fait plus de miracles aujourd'hui comme il en a toujours fait, mais qu'il semble réserver les miracles spectaculaires et le don de les faire pour des époques particulières différentes de la nôtre[2].

---

2. Certains aimeraient probablement que j'insiste plus sur la différence qu'il y a entre un miracle, et un effet de la providence de Dieu. Le *Nouveau Dictionnaire biblique* (Emmaüs, 1992) dit, en effet dans sa définition du miracle (p. 856 – *italiques pour souligner*) : « Le miracle est une intervention surnaturelle dans le monde extérieur, qui apporte une révélation de la présence et de la puissance de Dieu. "C'est, dans l'action ordinaire des forces de la nature, une interférence de l'Auteur de la nature. C'est un événement qui n'est pas le résultat d'une combinaison quelconque de forces physiques, mais qui provient d'une directe volition divine" (Dr Barnard, *Dict. Bibl. Hastings*, III, p. 384). *Dans le sens strict, on n'appelle pas "miracle" n'importe quel fait ou événement dû à des causes surnaturelles ou à des coïncidences extraordinaires (dites parfois providentielles).* [...] "Ainsi, l'essence du miracle n'est pas le fait qu'il est 'surnaturel', mais bien qu'il est une preuve particulièrement claire et frappante de la puissance de Dieu et de la liberté dont il use pour accomplir ses desseins" (Schultz, *O.T. Theology*, II, p. 192-193). »

Je veux bien, mais je ne suis pas si certain que dans la réalité, on puisse faire si facilement la différence entre un "miracle", et un "effet de la providence de Dieu". Les auteurs de science fiction, dans leurs histoires sur les voyages dans le temps aiment jouer avec l'idée que le moindre petit changement dans les événements peut provoquer un changement capital dans l'histoire du monde. Ainsi, le fait qu'un chrétien passe quelque part au bon moment pour rencontrer quelqu'un, ou qu'il échappe

Les dons naturels et les dons spirituels

Comme chrétiens, nous devons surtout nous attendre aujourd'hui à ce que Dieu agisse en accord avec Romains 8.28 : « Nous savons du reste que toutes choses concourent au bien de ceux qui aiment Dieu, de ceux qui sont appelés selon son dessein. » Nous pouvons aller de l'avant en sachant que Dieu fait souverainement et providentiellement – souvent miraculeusement, mais rarement de façon spectaculaire – tout ce qui est nécessaire pour l'accomplissement de son plan pour toute la création en général, et pour chacun de ses enfants en particulier. Et si lui-même nous place pour son service dans une situation difficile dont seul un miracle peut nous extirper, il fera ce miracle s'il fait partie de son plan pour nous. De plus, parce que nous savons qu'il nous aime, et qu'il l'a prouvé, nous pouvons continuer à l'aimer et à le servir, même s'il ne fait pas les miracles dont nous pensons avoir besoin.

----

de justesse à un accident qui s'y produit, dépend probablement d'un enchaînement d'événements minuscules. La température du café au moment où il s'en est versé une tasse avant de sortir, le temps qu'il a fallu à ses enfants pour lui dire au revoir, le fait qu'il ait, ou n'ait pas, ralenti pour saluer son voisin, le nombre de feux rouges qu'il a rencontrés, à pied ou en voiture : toutes ces choses, et j'en passe, ont influé sur le moment précis où il est arrivé à l'endroit en question. Je ne suis pas de ceux qui crient au miracle à tout bout de champ, et l'événement n'est peut-être pas aussi spectaculaire que lorsque Dieu fait arriver une sécheresse (1 R 17), ou un tremblement de terre (Ac 16.26), mais pour qu'il se produise, il a fallu qu'à un moment ou l'autre « l'Auteur de la nature » interfère « dans l'action ordinaire des forces de la nature », même si ce ne sont que celles qui agissent à l'intérieur des humains. Ce n'est peut-être pas « une preuve particulièrement claire et frappante », encore qu'elle le soit souvent pour celui qui en est le bénéficiaire, mais c'est certainement un effet « de la puissance de Dieu et de la liberté dont il use pour accomplir ses desseins ». Je préfère donc personnellement faire la distinction entre miracles spectaculaires et non spectaculaires, plutôt qu'entre effets de la providence et miracles.

Parce qu'il a prouvé son amour pour nous, nous savons également qu'il ne se glorifiera pas à nos dépens. Nous avons même sa promesse que, comme un bon entraîneur, il permet à chaque moment que nous arrive tout ce qui est nécessaire – agréable ou non – pour notre développement spirituel maximum. Il le fait pour nous rendre « semblables à l'image de son fils » – mais il le fait sans pourtant dépasser nos capacités du moment (v. 29,30). Nous sommes prêts à nous contenter de cette assurance si nous sommes comme les témoins de la foi qui « sont tous morts sans avoir obtenu les choses promises, mais [qui] les ont vues et saluées de loin, reconnaissant qu'ils étaient étrangers et voyageurs sur la terre » (Hé 11.13). Ces paroles s'appliquent certainement pour nous à la transformation de notre corps physique, qui nous est promise mais pas encore donnée (1 Co 15.51-55).

Cependant, je me refuse encore une fois à limiter Dieu. J'admets que, s'il le jugeait nécessaire, il pourrait encore donner aujourd'hui à quelqu'un le don de faire des miracles, ou de guérir. Mais s'il le faisait, il y a une chose dont je suis certain : c'est que les choses ne se passeraient pas comme elles se passent trop souvent avec beaucoup des prétendus miracles ou guérisons d'aujourd'hui.

5

Avons-nous encore tous les dons bibliques aujourd'hui ?

Troisième partie

c. Les caractéristiques des véritables miracles

La simplicité

Pour commencer, ce qui frappe dans les guérisons et les miracles de la Bible, c'est la simplicité avec laquelle ils étaient tous faits. Permettez-moi de faire un peu d'humour avec une comparaison. Voici deux incidents imaginaires. Dans le premier, deux hommes sont en train de se battre. L'un d'eux crie en se battant : « Je vais te montrer qui est le plus fort. Je vais t'assommer et t'étendre à mes pieds ! » Après un rude combat, il terrasse son adversaire. Il est lui-même tout en sueur, hors d'haleine et épuisé. Dans le second incident, un homme en attaque un autre par derrière. L'autre se retourne, et calmement lui décoche un direct à la mâchoire, et l'étend à ses pieds. Puis il se retourne et continue à faire ce qu'il faisait avant d'être interrompu. Dites-moi : lequel des deux vainqueurs a donné la plus belle démonstration de puissance ? Le deuxième, bien sûr !

Les dons naturels et les dons spirituels

C'est un peu comme ça que se produisent la plupart des miracles et des guérisons rapportés dans les Écritures. Ils sont des démonstrations de la puissance de Dieu, pas de celle de l'homme lui-même. Ils ressemblent aux actes créateurs de Dieu dans le premier chapitre de la Genèse, où des choses énormes se produisent en réponse aux simples mots « que cela soit ». Si quelque chose nous convainc de la puissance de Dieu dans le récit de la création, ce sont bien les effets énormes de ses simples paroles. Il exprime simplement sa volonté, et les choses sont ! C'est comme cela que se produisent les véritables miracles. Moïse déclenche de terribles plaies, et partage la mer, simplement en étendant son bâton (Ex 7 à 12 et 14) – ça, c'est de la véritable puissance ! Les choses se passent comme ça même pour Élie dans sa rencontre avec les prophètes de Baal. Contrairement à eux, qui se répandent en incantations et en cris futiles, et même se lacèrent, il fait simplement monter une prière de témoignage pour amener le feu du ciel sur son sacrifice (1 R 18.20-39) – ça, c'est de la véritable puissance ! Jésus et ses apôtres agissent de la même façon. Jésus dit simplement à la mer : « Silence ! tais-toi ! » (Mc 4.39) ; au paralytique : « Lève-toi, prends ton lit, et va dans ta maison » (Mc 2.11) ; et à la fillette morte : « Jeune fille, lève-toi » (Mc 5.42) – ça, c'est de la véritable puissance ! Pour multiplier les cinq pains d'orge et les deux poissons, il se contente de rendre grâce (Jn 6.11) – ça, c'est de la véritable puissance ! Les apôtres disent simplement au boiteux de naissance : « Au nom de Jésus-Christ de Nazareth, lève-toi et marche » (Ac 3.6) ; et à Dorcas qui est morte : « Tabitha, lève-toi ! » (Ac 9.40) – ça, c'est de la véritable puissance ! Et quand une vipère mord si fortement Paul qu'elle s'attache à sa main, il se contente de secouer celle-ci pour faire tomber la vipère dans le feu (Ac 28.3-5) – ça, c'est de la véritable puissance !

Pas de cris ni de transpiration du faiseur de miracle. Le geste qui déclenche le miracle pourrait être fait au milieu d'une foule et passer totalement inaperçu. L'excitation, s'il y en a, est une réaction à ce qui s'est produit. Ce n'est pas un effort pour se convaincre qu'il va se produire quelque chose, ni un processus d'excitation pour créer un climat dans lequel toutes sortes d'événements psychologiques peuvent se produire. De même, lorsque Jésus, ou l'un des apôtres, chassaient les démons, ils leur ordonnaient simplement de sortir (Mt 11.18 ; Ac 16.18), sans énervement. Il n'était pas question, non plus, de faire un rituel d'exorcisme qui dure des heures et en appelle à « tous les saints du paradis » : c'était de la véritable puissance ! Il est impossible de confondre les gestes bibliques qui guérissaient, accomplissaient des miracles, et même exorcisaient, avec les rituels païens qui ont toujours existé dans le monde et qui visent les mêmes buts.

L'incontestabilité

Une autre chose que nous verrions si Dieu donnait à quelqu'un le véritable don des guérisons, c'est que personne ne peut nier les véritables miracles. On a accusé Jésus de faire les siens par la puissance de Satan (Mc 3.22), mais on n'a pas pu les nier (Jn 11.47). On a essayé d'empêcher les apôtres de parler au nom de Jésus, mais on n'a pas pu nier le miracle qu'ils avaient accompli en son nom (Ac 4.12-22). Ceux qui avaient le véritable don des miracles ne se bornaient pas à guérir les douleurs, dans la tête, dans le dos ou ailleurs – des troubles fonctionnels que personne ne peut vraiment constater. Ils guérissaient tout, y compris les troubles organiques, la cécité, les difformités, les membres desséchés, et même la mort. Le pire des agnostiques ne peut pas nier de tels « exploits », surtout lorsqu'il est bien connu que la personne qui a été guérie était dans son état depuis longtemps – parfois depuis sa naissance. En fait, il ne devrait même pas y avoir de discussion sur la question de savoir si certains ont le don des guérisons aujourd'hui. Comme le disait avec humour un de mes professeurs à l'école biblique : « Si tu me dis que tu as le don des guérisons, et que je te vois t'approcher de quelqu'un qui est depuis longtemps cloué à une chaise roulante, et lui dire : "Au nom de Jésus, lève-toi et marche !" ; et que je vois alors cette personne se lever et s'en aller chez elle en poussant sa chaise : comment pourrais-je nier ton don – surtout si tu fais ce genre de chose régulièrement ? Qui pourrait le nier ? » Il avait raison[1]. Quand la chose se saurait assez largement,

---

1. On est d'ailleurs en droit de se demander comment il se fait qu'il n'y ait pas deux sortes bien distinctes d'hôpitaux missionnaires dans les pays du Tiers-Monde : ceux qui sont tenus par les missionnaires des groupements évangéliques « ordinaires » ; et ceux qui sont tenus par les missionnaires de groupements évangéliques « charismatiques ». Dans les premiers, bien qu'on prie pour les malades, on les soigne avec tous les moyens médicaux dont on peut disposer ; et dans les seconds, se trouverait un missionnaire qui a le don des guérisons. Les malades seraient amenés en sa présence, il leur imposerait les mains, et ceux-ci s'en iraient guéris (Mt 4.24 ; Ac 5.16). Pouvez-vous imaginer l'affluence pour venir écouter la prédication de l'Évangile dans une telle station missionnaire. Comment se fait-il que tous ces grands guérisseurs se tiennent principalement en Amérique du Nord pour faire leurs « nombreux miracles », là où les gens ont la Bible à leur disposition et peuvent se convertir dans l'une des nombreuses réunions d'évangélisation régulièrement tenues partout par de grands évangélistes non guérisseurs. Pourquoi ne vont-ils pas plutôt s'installer dans une station missionnaire au milieu de l'Afrique ou de l'Asie, là où les soins médicaux sont presque inexistants, pour y témoigner de la puissance de guérison qu'ils prétendent que Christ veut encore manifester aujourd'hui de façon régulière ? Loin de moi d'accuser les groupes qui croient à la continuation du don des guérisons aujourd'hui de ne pas faire d'œuvre missionnaire, certains en font même beaucoup. Mais quand même, il me semble qu'il devrait y

il y aurait probablement de grandes discussions dans tous les milieux, y compris scientifiques et religieux, sur l'origine du phénomène – tout comme ce fut le cas avec Jésus –, mais aucune ne durerait sur sa réalité. Il est aussi certain qu'on affluerait de partout, pour recevoir un miracle ou en être témoin.

La valeur limitée

Oui, on viendrait de partout pour recevoir un miracle ou en être témoin ; mais pas par intérêt pour la Parole de Dieu[2]. Qu'est-ce qui me permet d'affirmer une telle chose ? Le cas de Jésus lui-même ! Dans Jean 6, les foules le cherchent le lendemain du jour où il a nourri miraculeusement cinq mille personnes. Il leur dit : « En vérité, en vérité, je vous le dis, vous me cherchez, non parce que vous avez vu des miracles, mais parce que vous avez mangé des pains et que vous avez été rassasiés. Travaillez, non pour la nourriture qui périt, mais pour celle qui subsiste pour la vie éternelle, et que le Fils de l'homme vous donnera » (Jn 6.26,27). Les paroles de Jésus semblent un peu compliquées tout d'abord, mais ce qu'il dit est évident : ce qui attirait les gens dans ses miracles n'était pas le fait que c'étaient des signes, mais le fait qu'ils en retiraient un profit matériel immédiat. C'était comme cela du temps de Jésus, et c'est encore comme cela aujourd'hui avec beaucoup de ceux qui courent de réunion en réunion dans l'espoir d'être guéris.

Jésus connaissait très bien l'effet des miracles sur les gens. Il en a fait pour prouver qu'il était vraiment le Messie,

---

avoir une différence énorme en matière de guérisons entre leurs hôpitaux et ceux des autres missions, une différence qui ne manquerait pas d'être rapportée dans les médias.

2. Voir Appendice 2.

pas pour provoquer des conversions. Si vous lisez la suite de Jean 6, vous verrez qu'une fois qu'il leur a expliqué ce qu'était le véritable « Pain » dont ils avaient besoin, « plusieurs de ses disciples se retirèrent, et ils n'allèrent plus avec lui » (v. 66). Ils avaient suivi Jésus suffisamment longtemps pour être appelés des disciples. Pourtant, lorsqu'il leur a clairement expliqué quel était le véritable but de son ministère, ils l'ont abandonné. Edmond de Pressensé (1824-1891) a très bien exprimé cet état de choses dans un cantique :

O Christ ! La foule te renie :
Au jour de ton ignominie,
    Contre toi s'élève sa voix ;
Elle n'aime que ta puissance ;
Si dans ta gloire elle t'encense,
    Elle s'éloigne de ta croix[3].

En fait, Jésus a bien fait comprendre à ceux qui ne l'ont pas quitté que la raison pour laquelle ils ne l'ont pas fait n'était pas qu'ils étaient différents, mais que Dieu lui-même en avait décidé ainsi (v. 65-70). Il m'a toujours semblé que ce n'était pas par hasard que la plupart des chrétiens qui prêchent les miracles et les guérisons miraculeuses, et dépendent beaucoup de l'appel aux sentiments pour attirer les gens vers Dieu sont doctrinalement arminiens – c'est-à-dire qu'ils croient qu'on peut perdre son salut. Ils font beaucoup trop de « disciples » qui ne veulent que « manger des pains et être rassasiés », et qui sont surtout intéressés au véritable « Pain » parce qu'ils pensent qu'il leur donnera « les pains ». Alors, un bon nombre d'entre eux s'évanouissent dans la nature lorsqu'il est question d'un changement de vie, lorsque les choses deviennent difficiles (Mt 13.20,21), ou lorsque les

3. Cité par Gustave ISELY dans *Ainsi sont nés nos cantiques*, Paris, Librairie Altis, 1962, p. 17.

« pains » espérés ne se manifestent pas et que l'excitation initiale disparaît. Devant tant de défections, les prédicateurs doivent, ou bien conclure que leur prédication de l'Évangile est déficiente, ou bien y voir la confirmation de leur croyance qu'on peut perdre son salut.

Finalement, nous devons remarquer que les miracles semblent avoir également par eux-mêmes, une valeur limitée pour augmenter la foi de ceux qui connaissent déjà le Seigneur. Ainsi, c'est la génération même qui a été délivrée par les plaies d'Égypte, qui a traversé la mer Rouge à sec, qui a vu la manifestation de Dieu au Sinaï, et qui a reçu constamment son aide et sa délivrance miraculeuses, qui a été condamnée à mourir dans le désert parce qu'elle n'avait pas assez de foi pour entrer en Canaan. Voyez, par contre, le jeune David, qui, pour autant que nous sachions, n'avait vu aucun miracle spectaculaire, mais qui savait reconnaître la main miraculeuse de Dieu dans les incidents de ses occupations régulières (1 S 17.34-37). Il a osé affronter le géant Goliath simplement à cause de la foi qu'il avait dans ce qu'il connaissait de Dieu (probablement par l'enseignement des Écritures qu'il avait reçu – v.26,45-47).

Et après que le royaume a été divisé à cause de l'intransigeance du petit-fils de David, Roboam (1 R 12 ; 2 Ch 10), c'est dans le royaume sécessionniste du nord qu'ont commencé presque immédiatement les miracles (1 R 13), au nombre desquels les grands miracles d'Élie et d'Élisée, ces faiseurs de miracles par excellence. La période de ministère de ces deux prophètes couvre 19 chapitres des Écritures (1 R 17 à 2 R 13), plus que la période d'aucun des rois, excepté David, mais y compris Salomon[4]. Pourtant, c'est le

---

4. On arrive également à 19 chapitres pour Salomon, si l'on compte les deux versions de sa vie – 10 chapitres dans les Rois, et 9 dans les Chroniques. Mais les 19 chapitres du ministère miraculeux d'Élie et d'Élisée ne forment qu'une version, dans les Rois.

royaume du nord qui a marché le plus dans la rébellion envers le Seigneur, et qui, à cause de cette rébellion, a été emmené en captivité plus de 130 ans avant le royaume du sud qui n'a pas connu ces grands miracles.

De plus, lorsque Élie, fuyant devant Jézabel, a demandé la mort, découragé du peu d'effet de ses miracles, y compris sa grande et spectaculaire victoire sur les prophètes de Baal, le Seigneur lui a dit, entre autres choses : « Je laisserai en Israël sept mille hommes, tous ceux qui *n'ont point fléchi* les genoux devant Baal, et dont la bouche ne l'a point baisé » (1 R 19.18). Autrement dit, ceux qui allaient être épargnés n'étaient pas des adorateurs de Baal qui avaient été convaincus de revenir à l'Éternel par le ministère miraculeux d'Élie, mais des hommes qui lui étaient restés fidèles, sans avoir besoin des miracles. Et si on rapproche cela de ce que Jésus a dit aux villes de Chorazin, de Bethsaïda et de Capernaüm (Mt 11.20-24) et d'un détail de ce que Paul a écrit aux Corinthiens sur les langues (1 Co 14.20-22), on se sent presque obligé de conclure que, souvent, lorsque le Seigneur envoie des miracles à son peuple rebelle, ce n'est pas dans le but de le ramener à lui, mais de confirmer le fait qu'il mérite son jugement.

d. Le plus grand signe aujourd'hui

Je crois encore, et l'histoire de l'Église le démontre, qu'aussitôt qu'il y a quelques chrétiens quelque part, c'est la façon dont ils vivent, leur amour et leur sollicitude les uns envers les autres et envers ceux du dehors, qui constituent le plus puissant, et le plus efficace, des signes (Ga 6.10 ; Ph 4.5). S'ils savent alors comment présenter leur foi en Christ et leur attachement à la Bible comme la raison des

Avons-nous encore tous les dons bibliques aujourd'hui ?

différences que les autres voient en eux (1 Pi 3.15,16), les gens du dehors veulent lire la Bible, et ils sont ouverts à l'œuvre du Saint-Esprit dans leur cœur. Il peut les convaincre « en ce qui concerne le péché, la justice, et le jugement » (Jn 16.8). Oui, les foules peuvent s'amasser, comme elles l'ont fait autour de Jésus, pour être guéries et nourries, et ne pas être converties pour autant. Mais ceux qui sont attirés à la Parole de Dieu par la vie de ceux qui y croient, et qui vivent selon ses enseignements, passent habituellement par une véritable conversion.

Jacques 5.14,15

Finalement, un mot sur Jacques 5.14,15 où il est conseillé aux chrétiens malades de faire venir les anciens de l'Église. Tout d'abord, remarquons qu'il ne s'agit pas là d'un appel à ceux de l'Église qui ont le don des guérisons, mais aux anciens. Il n'est donc pas question là du don des guérisons qui est notre sujet, et je vous réfère la-dessus à des ouvrages qui traitent particulièrement de ce passage. J'ajouterai cependant que, deuxièmement, l'épître de Jacques est un des premiers – peut-être *le* premier – des documents du Nouveau Testament, et qu'on ne retrouve ni d'avis semblable, ni de telle pratique dans les épîtres subséquentes, même là où la situation semblerait en montrer le besoin (ex. : 1 Co 11.30 ; Ga 4.13-15 ; 1 Ti 5.23 ; 2 Ti 4.20). Troisièmement, ce passage ne peut certainement pas donner une assurance de guérison dans les cas où les autres épîtres ne la donnent pas. Ne faisons pas comme ceux qui prennent les paroles de Jacques 2.17 sur l'insuffisance de « la foi sans les œuvres » pour annuler tout ce qui est dit ailleurs sur le fait que le salut est « par la foi seule ». Enfin, quatrièmement, certains commentateurs affirment que si on tient

73

compte du verset 16, on peut conclure que le passage tout entier parle de maladie provoquée par le péché[5].

En dépit de tout cela, je le répète : je ne veux pas limiter Dieu. Mais je vous suggère de faire une étude poussée du sujet, et de lire tout ce que vous pouvez trouver – pas simplement une ou deux brochures. Ensuite, si vous êtes convaincu que Dieu vous ordonne de continuer cette pratique aujourd'hui, allez-y[6]. Mais quoi que vous fassiez, ne causez pas une division dans votre Église par vos agissements ou votre attitude. De plus : soyez honnête ! Ne criez pas au miracle si tout ce qui disparaît est quelques maux de têtes, ou de dos, quelques rages de dents, ou toutes sortes d'autres choses qui disparaissent souvent une fois que le malade est convaincu qu'il va aller mieux. Et enfin, remarquez également que Jacques ne parlait pas d'un signe pour convaincre les non-croyants, puisque c'était fait en privé dans la maison du malade.

Un mot sur la nutrition

Dans toute cette question de la maladie et de la guérison, il me semble également que nous ne devons pas oublier l'aspect nutrition. S'il est peut-être concevable que Dieu accepterait de guérir des maladies dues à la sous-alimentation dans les pays sous-développés, pouvons-nous sérieusement nous attendre à ce qu'il le fasse pour celles qui sont

---

5. Pour une autre interprétation, voir le commentaire sur ce passage dans *Le Nouveau Commentaire Biblique*, Emmaüs, 1978, 1987, p. 1298 ; et dans le *Commentaire biblique du chercheur – Nouveau Testament*, Québec, Éditions Béthel, 1988, p. 940,941.

6. Je ne sais pas que vous suggérer si votre Église ne pratique pas la pluralité des anciens, qu'il est clair que Jacques prend comme allant de soi, et qui, elle, est une pratique enseignée jusque dans les dernières épîtres du Nouveau Testament.

causées par la suralimentation ou la mauvaise alimentation dans les pays riches de l'Occident – surtout chez des personnes qui ne veulent absolument pas changer leur façon de s'alimenter ? Un bon nombre des maladies pour lesquelles beaucoup espèrent une guérison miraculeuse dans nos pays sont dues au fait que, croyants autant que non-croyants, nous nous alimentons sans aucun égard pour les règles de la nutrition. Nous faisons souvent plus attention à la façon dont nous nourrissons notre bétail et nos animaux domestiques qu'à la façon dont nous nourrissons nos enfants, et nous nourrissons nous-mêmes. La chrétienne maladive dont j'ai déjà parlé en est un bon exemple. Elle se nourrit, et nourrit sa famille, de pain blanc, de pommes de terres, de viande grasse et de beaucoup de sucreries. Il n'y a ni fruits ni légumes au menu. Est-il surprenant qu'elle ait tant de problèmes avec son système digestif. De plus, même ses nombreux séjours à l'hôpital n'ont pas réussi à lui faire changer sa façon de s'alimenter. Pourtant, elle va de réunion de guérisons en réunion de guérisons, et se fait imposer les mains encore et encore, s'attendant à ce que Dieu la guérisse miraculeusement. Il est vrai que Paul nous dit clairement que nous ne devons pas attribuer des valeurs spirituelles à certains aliments, comme le font certaines religions païennes. Mais nous ne devrions quand même pas penser que parce que nous sommes des enfants de Dieu nous allons échapper aux conséquences d'une mauvaise alimentation, surtout si elle est volontaire. Après tout, ces règles dépendent des lois que Dieu lui-même a établies dans la nature. Nous ne nous attendrions pas à ce qu'il nous protège si nous sautions stupidement du toit d'un édifice élevé, ou si nous restions trop longtemps sous l'eau. Jésus a bien dit : « il est aussi écrit : Tu ne tenteras point le Seigneur ton Dieu » (Mt 4.7).

Les dons naturels et les dons spirituels

Dans le même ordre d'idée : pourquoi Dieu devrait-il guérir du cancer du poumon, ou d'autres maladies causées par le tabagisme, le croyant qui n'a pas abandonné cette mauvaise habitude (maintenant condamnée aussi par le monde[7]), souvent même après des années de vie chrétienne. « Offrir vos corps comme un sacrifice *vivant*, saint, agréable à Dieu » pour son service (Ro 12.1), inclut certainement l'effort nécessaire pour le garder dans un état qui rend ce service possible : agir, nous reposer et nous alimenter de la façon la plus saine possible. À quoi peuvent nous servir nos dons spirituels si nous n'avons pas la capacité physique et mentale de les utiliser ?

Conclusion[8]

Dieu est parfaitement libre de faire ce qu'il veut où et quand il veut. Cela ne doit cependant pas nous donner la crédulité de croire que tout ce qui est rapporté et attribué à son œuvre, est vraiment arrivé. Cela ne nous autorise pas non plus à nous attendre à ce que Dieu fasse tout ce qu'il nous semble qu'il devrait faire.

De plus, bien que Dieu ne change pas, une étude de l'Écriture semble démontrer qu'il n'agit pas toujours de la même façon. Si nous tenons tellement à ce que les choses se passent aujourd'hui de façon aussi surnaturelle qu'elles se passaient dans l'Église primitive, nous devons nous demander

---

7. Plusieurs hauts dirigeants de compagnies américaines qui produisent des cigarettes ont récemment admis devant les tribunaux américains qu'ils étaient au courant depuis longtemps des méfaits du tabagisme, même s'ils avaient jusqu'ici prétendu le contraire.

8. J'aimerais suggérer la lecture d'autres ouvrages couvrant ce vaste sujet ; par exemple : Donald BRIDGE, *Des miracles aujourd'hui ?* (Éditions Je Sème, 1990).

si nous désirons vraiment que chaque chrétien qui ment tombe instantanément mort comme Ananias et Saphira (Ac 5.1-11). Je me demande combien de chrétiens seraient terrassés en donnant leur témoignage, ou en rapportant les bénédictions de Dieu sur leur ministère. Oui, Dieu guérit encore et fait encore des miracles, mais le spectaculaire n'est pas sa façon habituelle de travailler aujourd'hui. Les dons miraculeux, qui étaient la capacité donnée à certains de faire des choses surnaturelles : guérisons, miracles, capacité de parler une langue non apprise, ou de l'interpréter, semblent avoir été donnés à l'Église primitive pour confirmer son message et lui permettre de s'établir. Je ne crois pas qu'on doive s'attendre à les voir aujourd'hui – du moins pas dans notre monde occidental.

Au long de l'histoire biblique, il semble que Dieu a généralement réservé le spectaculaire pour ceux qui n'avaient pas de raisons à priori de croire la Bible, ou pour des situations où celle-ci ne pouvait pas servir de preuve par elle-même. Ceux qui ont les Écritures devraient porter attention aux paroles d'Abraham à l'homme riche de Luc 16.29,30 : « Ils ont Moïse et les prophètes ; qu'ils les écoutent. [...] S'ils n'écoutent pas Moïse et les prophètes, ils ne se laisseront pas persuader même si quelqu'un des morts ressuscitait. » De plus, Jésus a dit à ceux des Juifs qui avaient la connaissance nécessaire de la révélation écrite pour trouver la vérité : « Pourquoi cette génération demande-t-elle un signe ? Je vous le dis en vérité, il ne sera point donné de signe à cette génération » (Mc 8.12). En fait, nous devrions peut-être même avoir peur de demander des miracles dans nos milieux où la Parole de Dieu existe. Je dis cela parce qu'il semble que lorsque Dieu fait beaucoup de miracles parmi ceux qui ont déjà sa Parole à leur disposition, il le fait plus pour confirmer leur condamnation que pour les ramener à lui. Je vous rappelle le cas du royaume du nord sous le ministère d'Élie et d'Élisée, dont nous avons déjà parlé. Et pensez aussi à ce qu'a dit Jésus à la ville de Capernaüm : « Si les miracles qui ont été faits au milieu de toi avaient été faits dans Sodome, elle subsisterait encore aujourd'hui. C'est pourquoi je vous le dis : au jour du jugement, le pays de Sodome sera traité moins rigoureusement que toi » (Mt 11.23b,24).

Je n'oserais préjuger de ce que Dieu peut décider de faire dans des pays du Tiers-Monde où le christianisme fait face à des adeptes de religions et de rituels démoniaques. Mais même là, il ne faut pas sous-estimer la puissance de la Parole de Dieu par elle-même. L'édition anglaise de *La voix des martyrs*, de Richard Wurmbrand, rappelait en août 1997 l'histoire du missionnaire Robert J. Thomas, mort martyr en Corée en 1866. Peu de temps après avoir déjà perdu sa femme, il eut la tête coupée par des militaires lors d'une descente de la rivière Daedong. Vingt-cinq ans après la mort de Thomas, quelqu'un a découvert dans la région une petite maison dont l'intérieur était tapissé des pages de sa Bible en coréen. Le propriétaire de la maison et ses invités « lisaient le mur ». Apparemment, une Église est née là – par la puissance de la seule Parole de Dieu –, et elle existe encore aujourd'hui, malgré le communisme, dans ce qui fait maintenant partie de la Corée du Nord[9]. Pourtant, je le répète encore : Dieu est libre de faire ce qu'il veut où et quand il veut. Mais je crois qu'il agit différemment avec ceux qui ont sa Parole écrite.

Finalement, si Dieu décidait de distribuer à nouveau les dons miraculeux, il est à peu près certain que leur manifestation ne ressemblerait pas beaucoup à ce qu'on fait trop souvent passer pour elle aujourd'hui.

---

9. « Christian Martyrs », *The Voice of the Martyrs*, août 1997, p. 8

6

Qu'est-ce qu'un don naturel ?

Les circonstances particulières dans lesquelles nous nous sommes trouvés durant nos années de ministère nous ont amenés, ma femme et moi, à élever toutes sortes de bêtes : souris, rats, hamsters, gerboises, cochons d'Inde, lapins, perruches, pigeons, poulets, canards, oies, dindes, porcs, etc. Nous avons même pour un court moment considéré la possibilité d'élever des veuves-noires, mais nous y avons renoncé. La pensée de devoir manier ces araignées venimeuses y était sans doute pour quelque chose. Quoi qu'il en soit, pour pouvoir développer un bon stock de reproduction, j'ai dû, pour plusieurs de ces animaux, acquérir des connaissances en génétique. La génétique est l'étude scientifique de l'hérédité. Elle permet de répondre à des questions du genre de : Pourquoi ce lapin a-t-il la fourrure grise ? Comment développer une lignée de vaches qui donnent plus de lait ? ou même : D'où vient que cette personne a les yeux bleus, ou les cheveux noirs ? et : Pourquoi cet homme est-il daltonien ? Nous allons nous attarder maintenant sur un sujet dont il n'est pas très souvent question dans la littérature évangélique.

1. Comment est constitué l'être humain

À travers l'histoire, on a avancé nombre de théories pour expliquer comment un être humain pouvait se former à l'intérieur du corps d'une femme suite à l'introduction de sperme, et comment l'enfant ressemble à ses parents – parfois plus à l'un qu'à l'autre. Aux alentours de 500 av. J.-C., Empédocle, un philosophe grec, a émis l'hypothèse que les différentes parties du corps de l'homme et de la femme produisaient différentes sortes de sperme, qui en se mélangeant lors du coït produisaient un être humain. Aristote, qui a vécu quelques 200 ans plus tard, pensait que le sperme était du sang hautement purifié, qui avait le pouvoir de donner la vie. La femme, qui n'avait pas le pouvoir de produire une matière si hautement purifiée, produisait un sperme qui n'était que la substance, la matière, du nouvel être. On a continué d'accepter cette théorie pour près de 2000 ans. C'est alors qu'on a découvert les spermatozoïdes et les ovules. C'est à la fin du dix-neuvième siècle que Grégori Mendel, un moine de Moravie, a découvert les principes fondamentaux de l'héritage des caractéristiques, et a posé les fondements de la génétique moderne. Mais ce n'est qu'au début du vingtième siècle que son travail a été reconnu par le monde scientifique[1].

Nous savons maintenant qu'à part les organismes unicellulaires microscopiques, les organismes vivants sont composés d'un grand nombre de cellules, des milliards même. On pourrait comparer ces cellules à de minuscules blocs de construction vivants. Dans son numéro de janvier 1991, *Science et Vie* donnait ce qui suit comme introduction à un article sur la génétique : « Un homme, c'est 40 mille

---

1. A. M. WINCHESTER, *Genetics*, Cambridge, Mass., The Riverside Press, 1958, ch. 2.

milliards de cellules diversifiées (peau, muscles, nerfs, etc.), organisées, sauf accident, dans un ordre immuable, et descendantes de deux cellules uniques : un ovule et un spermatozoïde. Chacune de ces cellules, dont le noyau n'excède pourtant pas 1 millionième de mètre de diamètre, contient le plan d'architecte de l'ensemble sous la forme d'un ruban d'ADN qui atteindrait 1,80 m si on le dévidait. Sur ce long et mince "manuscrit" se trouve une description précise contenant 3 milliards de lettres destinée à la machinerie du vivant... » Quel merveilleux Créateur nous avons !

2. Nos possibilités

C'est grâce à la fusion des deux cellules originales (l'ovule de notre mère, et le spermatozoïde de notre père), que nous héritons de toutes nos possibilités physiques, mentales et intellectuelles fondamentales. C'est là le système merveilleux que Dieu a créé pour produire à partir d'un seul couple, des milliards de descendants, tous différents, et ressemblant pourtant aux membres de leur famille et de leur race.

J'ai utilisé l'expression « possibilités fondamentales », pour souligner le fait que notre hérédité n'est pas seule responsable de ce que nous sommes. L'environnement au sein duquel nous nous développons (nos conditions de vie, l'instruction que nous recevons) et notre volonté, jouent un rôle dans ce que nous devenons. Mais ils ne peuvent jamais faire de nous quelque chose que nous n'avons pas les possibilités fondamentales de devenir. Au mieux, ils peuvent nous amener à tirer le maximum de ces possibilités. (Rappelez-vous que nous parlons de nos possibilités physiques, mentales et intellectuelles, et non de nos possibilités morales et spirituelles.)

Ainsi, supposons que vous ayez les possibilités génétiques d'atteindre une taille de 2 m, ou de devenir un grand musicien. Si vous recevez tous les soins physiques et toute l'instruction dont vous avez besoin – et cela demandera évidemment la participation de votre volonté –, vous aurez une taille de 2 m, ou vous serez un grand musicien. Mais peu importent les soins et l'instruction qu'on vous donne, et peu importe la force de votre volonté, vous n'atteindrez pas 2 m, et vous ne serez jamais un grand musicien, si vous n'en avez pas les possibilités fondamentales. Vous deviendrez peut-être un meilleur musicien que si rien n'avait été fait pour vous faciliter les choses, mais vous ne serez jamais un grand musicien si vous n'en avez pas la possibilité dans vos gènes.

Il y a quelques temps, on expliquait dans une émission de télévision sur les Jeux Olympiques, qu'on sait maintenant si bien ce qui est nécessaire pour remporter des victoires dans tel ou tel sport particulier, qu'on peut diriger les débutants en fonction de leur morphologie vers le sport où ils ont le plus de chance d'exceller par l'entraînement. (La morphologie est la forme et la structure particulières qu'un organisme a reçues par hérédité.) On affirmait de plus que si un athlète n'avait pas la morphologie, la conformation physique, nécessaire à la pratique d'un sport particulier, il ne serait jamais un champion, quelle que soit l'ardeur de son entraînement.

3. Sous le contrôle de Dieu et selon les règles qu'il a établies

« Mais, dira quelqu'un, est-ce que vous ne limitez pas la main de Dieu ? » Je ne pense pas. Pas plus que lorsque je dis : « Il va bientôt faire nuit ! » Après tout, est-ce que Dieu ne pourrait pas décider que la journée d'aujourd'hui sera plus longue ? Il l'a déjà fait. Mais ce n'est pas sa façon habituelle de travailler. Ma femme non plus ne limite pas la main de Dieu, lorsqu'elle me dit devant un rang de semences de carottes qu'elle vient de mettre en terre : « Ici, nous aurons des carottes ! » Si elle ajoute : « Dieu voulant », elle pense aux conditions atmosphériques – la température, le soleil et la pluie. Elle ne dit pas cela parce que Dieu pourrait décider que cette fois-ci les semences qui habituellement lui donnent des carottes rouges, vont cette fois-ci lui en donner des bleues, ou lui donner des tomates.

Lorsqu'on voit qu'une fillette a les mêmes beaux yeux bleus que sa mère, ou un garçon, la même chevelure ondulée que son père, on ne dit pas : « N'est-ce pas merveilleux que Dieu ait décidé de les leur donner. » On dit plutôt : « Elle a les yeux de sa mère », ou : « C'est courant dans la famille de son père. »

Il est évident que Dieu garde le contrôle, comme il le conserve sur toutes choses. Mais ce qui nous permet de comprendre quelque chose dans le fonctionnement de la nature, c'est que Dieu agit habituellement selon les règles qu'il a lui-même établies. Dans les cas rares où il ne le fait pas, nous appelons cela un miracle. Nous lisons aux versets 5 et 6 du psaume 148 que ces règles sont des lois de Dieu qu'il ne violera pas ; et dans Jérémie 31.35,36, Dieu donne la fixité de ces lois comme garantie du fait qu'il ne rejettera pas son peuple. Il n'y a pas de danger qu'en me levant demain, je découvre que la pluie tombe de bas en haut, que les oiseaux voyagent sous terre comme les taupes et que les vers de terre volettent au-dessus de mon jardin.

Alors, je crois que chaque détail de mes possibilités fondamentales est voulu de Dieu. Mais je crois également qu'il m'a fait exactement comme il voulait que je sois en dirigeant mes antécédents héréditaires depuis Adam et Ève. Je ne crois pas qu'il a décidé de ces choses à ma conception ou à ma naissance, indépendamment de mon hérédité.

4. Nous ne sommes pas des terminus, mais des arrêts sur la ligne

Pour le sujet qui nous préoccupe, il y a une conclusion importante que nous devons tirer de ce que nous savons sur l'hérédité : nous ne sommes pas des terminus, mais des arrêts sur la ligne – si on me permet d'utiliser cette comparaison. Nous recevons tous par hérédité un potentiel de capacités, que nous utilisons ou n'utilisons pas durant notre vie. Mais que nous les utilisions ou non, nous ne pouvons pas nous empêcher de les transmettre à nos descendants – pour autant que nous en ayons. Notre héritage génétique peut être bon ou mauvais. Il est généralement un mélange des deux (nous sommes une race déchue). Nous pouvons l'utiliser, partiellement ou entièrement. Mais quoi que nous fassions, nous allons en transmettre une partie, combinée à une partie de l'héritage génétique de notre conjoint, à tous les enfants que nous aurons ensemble.

En résumé

Les dons naturels, ou talents, sont des aptitudes variées que Dieu donne à tous par le processus de l'hérédité. Il nous donne certaines des nôtres pour notre usage personnel, et d'autres pour que nous les transmettions à nos descendants afin que son plan s'accomplisse. Comme pour toute autre chose que Dieu donne, chacun devra rendre compte à Dieu de l'usage qu'il aura fait de ses talents. Cependant, ce ne peut pas être le plan de Dieu que nous utilisions toutes les capacités qu'il nous a données – nous serions incapables de le faire. Ceux qui s'en croient capables n'ont certainement pas eu l'occasion de découvrir les immenses possibilités que Dieu leur a données. Ce n'est donc pas nécessairement pécher contre Dieu que de ne pas utiliser tel ou tel talent dont on se sait le possesseur. Comme nous le verrons, cela peut même être un acte d'obéissance à sa volonté.

7

La confusion concernant les dons

1. Les sources de la confusion

Malgré qu'il existe au sein des Églises évangéliques un intérêt accru pour la question des dons spirituels, on peut encore trouver beaucoup d'ignorance sur le sujet. Dans certaines Églises, la seule chose qu'on attend des paroissiens actifs – à part de mettre leur obole dans la collecte – c'est qu'ils amènent leurs amis à l'église pour que le pasteur puisse les conduire au Seigneur par sa prédication. Dans beaucoup d'autres, tout tourne autour de l'utilisation, ou la non-utilisation, des dons « miraculeux » : guérisons, miracles, prophétie, glossolalie, etc. Même au sein des Églises dont toute la vie est censée reposer sur l'utilisation des dons spirituels par tous les membres du corps de Christ – et pas seulement par les pasteurs, ou ouvriers à temps plein – l'ignorance sur le sujet est encore trop répandue.

Les prédicateurs portent une bonne partie de la responsabilité pour cet état de choses. Dans bien des Églises, seul le pasteur utilise sciemment des dons spirituels. Alors, il lui arrive de dire dans ses prédications : « Moi, je sers le Seigneur dans cette Église en vous enseignant la Parole de Dieu.

Mais on peut le servir d'autres façons. Le frère ou la sœur qui tiennent le piano, ceux qui nettoient l'église, ceux qui tiennent la comptabilité, tous ces gens servent également le Seigneur à leur façon. » Comment ses auditeurs, en entendant de telles remarques, pourraient-ils faire autrement que de conclure que nettoyer les bancs est de la même nature qu'enseigner les âmes de ceux qui les occupent ?

Attention, ce n'est pas qu'il y ait quelque chose d'« abaissant », ou de « moins valable » dans ce qu'on pourrait appeler du travail « non spirituel ». La valeur de toute activité dépend de sa place dans le plan de Dieu pour nous à un moment donné. Lorsque j'étais à l'école biblique, nous étions tous, les garçons comme les filles, astreints à la corvée vaisselle. Chacun faisait partie d'une équipe qui la faisait à son tour. Cette pratique se continuait même durant les mois d'été, lorsque la plupart des élèves étaient rentrés chez eux pour les vacances, et que nous n'étions plus que quelques-uns pour faire du travail d'entretien ou de construction. Durant tout l'été, des équipes de jeunes venaient de l'extérieur pour faire du porte à porte ou distribuer des tracts dans la région. Ils logeaient et prenaient leurs repas avec nous, et on s'attendait à ce qu'ils prennent également leur tour pour laver la vaisselle. Il arrivait que certains d'entre eux s'esquivent pour ne pas la faire. Lorsqu'on les rappelait à l'ordre, ils répondaient généralement qu'ils n'étaient pas « venus au Québec pour laver la vaisselle, mais pour faire un travail *spirituel* ». Nous les ramenions bien vite à la réalité. Walter Angst, notre directeur nous avait souvent répété dans les classes que « celui qui n'est pas prêt à déboucher les toilettes pour le service du Seigneur n'est pas digne de prêcher sa Parole. » La phrase peut sembler un peu rude à certains, mais elle exprime très clairement une vérité des plus importantes. Aucune corvée n'est trop indigne pour un serviteur de Dieu. Certains missionnaires vous diront qu'en mission ils ont déjà eu à faire pire que cela. Ce n'est pas parce que c'était un travail indigne d'eux, que les Douze ont choisi d'autres hommes pour servir aux tables, mais parce qu'en le faisant, ils n'auraient pas eu le temps de faire l'œuvre à laquelle ils avaient été appelés (ils ne pouvaient pas être à deux endroits en même temps). Si les jeunes colporteurs qui résidaient temporairement avec nous avaient dû retourner au travail tout de suite après les repas, il nous aurait fait plaisir de les dispenser de la corvée vaisselle. Mais ils n'avaient rien d'autre à faire qu'à se la couler douce.

Il y a une source de confusion entre les dons spirituels et les dons naturels qui est plus insidieuse encore. J'ai entendu un prédicateur dire : « Je ne crois pas que les listes de dons trouvées dans les épîtres soient complètes. Je sers le Seigneur en enseignant sa Parole, mais il y a d'autres façons de le faire. Ainsi, une sœur peut avoir le don de faire de merveilleuses tartes. Alors, elle invite ses amies et ses voisines chez elle pour prendre un café et un morceau de tarte, et elle en profite pour leur parler du Seigneur. Un frère a le don de conducteur d'autobus, et il va chercher en autobus les enfants qui vont à l'école du dimanche d'une grande Église. Mais il établit des amitiés durables avec les enfants, et il a auprès d'eux un véritable ministère pastoral. »

La chose insidieuse dans ce genre d'affirmations, c'est que leur conclusion s'appuie sur des circonstances réelles et pratiques. Nous devrions encourager tous les chrétiens à avoir l'esprit pratique de ceux dont il vient d'être question. Malheureusement, la conclusion tirée par notre prédicateur est fausse, et elle conduit à une compréhension erronée de ce que sont les dons spirituels.

Nous avons donné dans le chapitre 2 les listes de dons spirituels qu'on trouve dans les épîtres. Comme je viens de le dire, certains croient qu'elles ne sont pas complètes. Je suis porté à croire qu'elles le sont. Cependant, même si ces listes ne donnent que des échantillons, nous devrions logiquement nous attendre à ce qu'elles donnent au moins une bonne idée des « domaines » – si je peux utiliser cette expression – auxquels appartiennent les dons spirituels. Si toutes ces capacités que beaucoup considèrent aujourd'hui comme des « dons spirituels », en sont vraiment, comment se fait-il qu'à une époque où l'Église était beaucoup plus active, et beaucoup plus charitable, les listes de dons ne contiennent rien comme coudre pour les pauvres, préparer la nourriture pour les repas en commun, laver les pieds des saints ou prendre soin des malades (à part de les guérir miraculeusement). Et qu'en est-il du travail de trésorier, de concierge, et de toutes ces autres activités qui ont toujours existé dans l'Église, qu'on trouve même dans le Nouveau Testament, mais pas dans les listes de dons spirituels. Aujourd'hui on les inclut souvent toutes avec « les dons spirituels qui ne sont pas dans les listes ». Ou, plus insidieusement encore, on les réunit dans le don de « servir ». Nous reviendrons d'ailleurs sur ce dernier point.

2. Les conséquences de la confusion

Quelles sont certaines des conséquences d'une confusion entre les dons spirituels et les dons naturels ? En premier, l'Église est remplie de gens qui utilisent leurs aptitudes naturelles, ou talents, mais qui ne font aucun cas de leurs dons spirituels. Bien des chrétiens, qui croient qu'ils utilisent leur « don » en tenant la comptabilité, en tenant le piano ou l'orgue, en chantant dans le chœur, ou en nettoyant l'église, ne découvrent jamais le don spirituel que le Seigneur veut pourtant qu'ils utilisent.

La confusion concernant les dons

Les chapitres 6 à 8 du livre des Actes nous rapportent principalement le ministère d'Étienne et de Philippe. Étienne prêche un sermon puissant sur les relations entre Dieu et Israël, et devient le premier martyr chrétien. Philippe, après son merveilleux ministère en Samarie, est envoyé par le Saint-Esprit à la rencontre de l'eunuque éthiopien qui rentrait dans son pays sans avoir trouvé ce qu'il était venu chercher à Jérusalem. Sa conversion sera la première pierre de l'Église éthiopienne.

Pourtant, ces deux hommes, Étienne et Philippe, avaient été choisis au début du chapitre 6 pour servir aux tables dans l'Église de Jérusalem. Relisez les trois chapitres, et demandez-vous quelle différence cela aurait fait pour l'Église primitive si Étienne et Philippe avaient considéré que leur « don », c'était tout simplement de servir aux tables (Ac 6,7,8). Bien sûr, ils auraient été utiles pour l'Église ; mais pas aussi complètement que le Seigneur le voulait. Pourtant, il y a des quantités de chrétiens qui sont dans cette situation-là dans l'Église d'aujourd'hui.

Certains viennent au Seigneur avec un talent musical. Leurs amis chrétiens les encouragent presque immédiatement à « mettre au service des autres le don qu'ils ont reçu » (1 Pi 4.10). Et les voilà partis, de réunion d'évangélisation en réunion d'évangélisation, chantant et composant des cantiques, sans même avoir eu la possibilité d'être bien fondés dans la connaissance des choses du Seigneur.

C'est d'autant plus dangereux que toute activité qui se fait publiquement est un piège dangereux. Il y a quelques années, le gagnant d'un oscar à Hollywood l'a accepté en faisant la sage remarque : « Nous faisons tout pour trois raisons : Regardez-moi ! Regardez-moi ! et : Regardez-moi ! » Il est très probable que quiconque vient au Seigneur avec un don naturel « public » d'une sorte ou l'autre, devrait passer par une période de « désintoxication » avant qu'on lui permette de l'utiliser publiquement dans l'Église d'une façon régulière et reconnue. Une des conditions requises de celui qu'on veut désigner comme ancien est qu'« il ne faut pas qu'il soit un nouveau converti, de peur qu'enflé d'orgueil il ne tombe sous le jugement du diable » (1 Ti 3.6). S'il y a quelque bon sens dans tout ce que la Bible enseigne, c'est sûrement là un bon conseil en ce qui concerne le nouveau converti et toute activité publique.

Mais, quelle est l'Église qui exige une période d'attente de ceux qui se produisent en public et qui se convertissent ? À notre époque où la définition d'une bonne réunion est trop souvent « un bon programme », On catapulte rapidement sur la plateforme tous ceux qui ont fait du showbiz, particulièrement s'ils ont un nom connu. Bien des Églises ne permettraient pas à un homme de prêcher s'il n'a pas reçu une formation adéquate dans la Parole de Dieu, peu importe s'il sait bien parler ou non. Pourtant, elles laissent quelqu'un décider du niveau spirituel d'une réunion et des paroles des cantiques qu'on y chante, simplement parce qu'il ou elle a une belle voix, et sait jouer d'un instrument. Et si le pasteur ou les anciens sont suffisamment sages pour exiger une période d'attente de ces nouveaux convertis doués pour la musique, une autre Église mettra rapidement le grappin sur eux en reconnaissant leur « don négligé ». Pour compliquer encore les choses, avec le problème de l'orgueil, il semble que, du moins en Amérique du Nord, les chrétiens ont à peu près tous pris l'habitude d'applaudir ceux qui se produisent en public – mis à part les prédicateurs, Dieu merci.

Un chrétien qui se produisait en public, confessait au pasteur qui était à son chevet (je ne me souviens plus s'il était souffrant ou mourant) : « Depuis ma conversion, on me traîne d'une réunion d'évangélisation à l'autre pour dire et chanter comme il est merveilleux de connaître Jésus-Christ. Pourtant, j'ai la vie chrétienne la plus misérable qui soit. Je n'ai jamais reçu de formation chrétienne ni appris à bien connaître le Seigneur. »

Je n'oublierai jamais l'expression d'un jeune homme, encore à l'école biblique, à qui j'avais dit que « d'avoir la parole facile pouvait être une bonne raison pour *ne pas* devenir prédicateur. » Voyez-vous, je sais ce dont je parle. Je suis né avec ce « don ». Je peux me lever n'importe où, n'importe quand, et faire un discours sur à peu près n'importe quoi. Mon père avait ce don avant moi, et sa mère avant lui. Elle pouvait monter sur une table de café et faire un discours politique. Et c'était quelque chose pour une femme avant la première guerre mondiale. Mais je n'arrive pas à oublier toutes les stupidités, toutes les paroles regrettables, dont ce don m'a permis de me rendre coupable. Si je ne croyais pas que Dieu m'a également donné le don spirituel d'enseigner, je n'oserais pas monter sur la plateforme. Du moins j'espère que je n'oserais pas. Peut-être que je ferais comme tant d'autres qui prennent un don naturel pour un don spirituel.

On peut se demander combien d'hommes vont dans le ministère parce qu'ils prennent l'un pour l'autre. Bien sûr, certains ont les deux – c'était le cas d'Apollos (Ac 18.24), et c'est celui de plusieurs prédicateurs connus et moins connus d'aujourd'hui. Mais même eux peuvent parfois se méprendre. Je suis certain qu'ils vous diront tous que lorsqu'on a le don naturel, il est si facile de se préparer à parler en comptant sur lui, plutôt qu'en se reposant sur le Seigneur pour qu'il travaille au travers du don spirituel. Et c'est vrai, que vous prêchiez de la plateforme, que vous enseigniez l'école du dimanche, ou que vous fassiez du porte à porte.

C'est encourageant de voir que de plus en plus d'Églises redécouvrent les enseignements bibliques sur la pluralité des anciens. Mais un des grands dangers lorsqu'on veut l'appliquer, est celui d'élever des hommes à la charge d'anciens, de conducteurs dans la Maison de Dieu, parce qu'ils ont réussi dans les affaires, ou comme conducteurs dans le monde. C'est une erreur qu'on fait si facilement, que les auteurs qui traitent du sujet de la pluralité des anciens prennent souvent la peine de mettre leurs lecteurs en garde contre elle[1]. Il existe une grande différence entre les qualités qui sont nécessaires pour conduire une entreprise, et celles qui le sont pour être de bons conducteurs dans la Maison de Dieu. Il y a également une grande différence entre les règles du jeu qu'on apprend dans le monde des affaires, et celles que Dieu veut que suivent les conducteurs de sa Maison. La conduite des affaires repose souvent sur la flatterie, la manipulation et les trucs, ou alors le « poids » personnel, pour obtenir une bonne performance de ceux qu'on dirige, et pour arriver à ses fins. Cela ne devrait pas se produire dans la Maison de Dieu. Pourtant, j'ai vu des adultes chrétiens pleurer après avoir été manipulés par un autre qui était imprégné par la psychologie du monde des affaires.

Le fait de prendre les dons naturels pour des dons spirituels peut aussi faire du tort à la famille. Des parents peuvent avoir de grands talents naturels et croire qu'il s'agit de « dons spirituels » qu'ils *doivent* utiliser, sous peine d'être coupables de négliger les dons de Dieu. Alors, ils se dépensent tellement dans l'exercice de leurs dons, prétendument « spirituels », au service de l'Église, qu'ils en viennent à négliger les besoins physiques, affectifs et spirituels de leur propre famille. Une mère chrétienne peut estimer qu'elle ne peut pas être « rien qu'une » femme et mère de famille. Alors, elle néglige, non seulement ses responsabilités, mais

---

1. Par exemple : Gene A. GETZ, *Redécouvrons l'Église locale*, Montréal, Éditions SEMBEQ, 1997, p. 178,179.

également ses dons spirituels, ou ceux qui ne sont pas aussi frappants. Elle peut essayer à tout prix d'avoir une carrière, et ne pas voir qu'elle a déjà la carrière la plus importante au monde : former de jeunes êtres humains pour qu'ils deviennent des adultes bien développés et bien adaptés, des citoyens honorables, et, par-dessus tout, des chrétiens mûrs. Elle a la possibilité de faire de l'« œuvre pastorale » d'une façon que n'ont ni le pasteur, ni le moniteur d'école du dimanche. Elle a les âmes sous ses soins *avant* que celles-ci n'aient subi d'influences extérieures – plus même que son mari qui, en accord avec le plan de Dieu, est généralement à l'extérieur du foyer pour gagner la subsistance de la famille. Elle a le pouvoir d'influencer plus que n'importe qui d'autre la pensée de la société et de l'Église de demain. W. R. Wallace a dit vrai, lorsqu'il a dit : « La main qui tient le berceau tient le monde. »

Quelle tragédie lorsqu'une mère délaisse cette occasion pour poursuivre une carrière qui lui permet d'exercer un talent qu'elle s'est découvert ! C'est encore plus tragique lorsqu'elle néglige les responsabilités spirituelles que Dieu confie à toutes les mères, pour développer ce qu'elle croit erronément être un « don de Dieu » qu'elle *doit* utiliser. Mais la situation devient tragi-comique lorsqu'elle rejette les occasions qu'elle a avec ses propres enfants pour poursuivre une carrière auprès d'autres enfants, sur lesquels elle n'aura jamais la même influence, et pour lesquels elle n'a pas la même responsabilité devant Dieu.

8

Comment éviter la confusion

1. Une distinction qu'il faut faire

Comme nous l'avons vu, nous venons tous au monde avec un éventail d'aptitudes que nous avons héritées de nos parents, et desquelles nous transmettrons une partie à nos descendants. C'est un peu comme si nous avions une boîte à outils que nous nous passons de génération en génération.

Cependant, il y a dans cette boîte beaucoup plus d'outils que ce dont aura besoin chaque propriétaire successif, que ce soit pour gagner son pain, pour se divertir, ou pour quoi que ce soit d'autre. Les « outils » sont différents dans chaque lignée. Nous savons tous que certains semblent être nés beaux mais pas très intelligents, d'autres, très intelligents, mais pas très beaux, d'autres encore sont intelligents et beaux, et finalement, certains semblent n'être ni l'un ni l'autre. Le même principe s'applique à toutes les aptitudes naturelles. Il semble que certains en ont beaucoup, et d'autres peu. (Il est cependant presque certain que ceux qui semblent avoir très peu de possibilités en ont probablement beaucoup plus qu'ils ne pensent. Mais, comme nous l'avons vu au chapitre 6, il est probable qu'ils n'ont pas eu la possibilité d'explorer pleinement toutes les aptitudes que Dieu leur a données.) Ce qu'il est important de savoir, c'est que nous avons tous reçu tous les dons naturels dont nous avons besoin pour accomplir ce que Dieu veut que nous accomplissions. Si ce n'était pas le cas, Dieu ne serait pas Dieu.

Puisque tous les humains sont l'œuvre de Dieu, ils devraient, bien entendu, vivre pour la gloire de Dieu. Mais cette vérité s'applique tout particulièrement aux chrétiens. À la nouvelle naissance, ils ont reçu un rôle à remplir dans le Corps de Christ, de même que les aptitudes spirituelles nécessaires pour le remplir. Le souci premier de tout chrétien devrait être de devenir et de faire, grâce à ses dons spirituels, tout ce que le Seigneur attend de lui. S'il ne le fait pas, il pèche.

Une telle obligation n'existe cependant pas en ce qui concerne nos aptitudes naturelles. Contrairement à nos dons spirituels, nous ne sommes *pas obligés* de les utiliser, si le besoin de le faire ne se présente pas. À part de les utiliser pour les nécessités de la vie – la subsistance et le plaisir –, nous n'avons à les utiliser que dans la mesure où elles nous permettent d'exprimer nos dons spirituels. Nous ne possédons certains talents naturels, que parce que Dieu veut les utiliser dans la vie de notre arrière-arrière-arrière-petit-enfant. Comme nous l'avons vu, à moins de faire un miracle, c'est de cette façon-là que Dieu nous donne à tous nos aptitudes naturelles.

Cet ouvrage ne traite pas de la question de la femme au travail. La décision pour une femme de travailler à l'extérieur dépend de bien des facteurs que nous n'examinons pas dans cette étude. Cependant, nous devons voir qu'il n'est pas nécessaire qu'une femme se sente *obligée* de poursuivre une carrière, au lieu de n'être « rien qu'une femme et une mère », parce qu'elle s'est découvert une aptitude qui est à l'étroit dans une cuisine. Il est possible que Dieu veuille qu'elle l'utilise ; et dans ce cas, elle devrait obéir. Mais il est très possible qu'il ne lui a donnée que parce qu'il voulait qu'elle la transmette à ses descendants.

Nous ne devrions pas oublier que le fait que nous possédons un certain talent – même s'il ne nous a pas été donné pour notre propre usage – nous aide probablement à mieux comprendre ceux qui le possèdent. Nous sommes dès lors plus à même d'aider nos enfants à développer ce même talent s'ils le possèdent également. Ainsi, il ne fait aucun doute qu'une mère dotée d'un raisonnement sûr et d'une bonne maîtrise de la langue, exerce un effet bénéfique sur les capacités de ses enfants pour parler en public, même si elle ne parle jamais en public elle-même.

2. Un lien qu'il faut reconnaître

Les dons naturels que nous avons reçus par hérédité ne sont pas des dons spirituels. Mais comme je l'ai dit au chapitre 6, dans lequel nous avons examiné les dons naturels, je crois que Dieu a dirigé l'hérédité de chacun de ses enfants depuis Adam et Ève. Lorsque le Seigneur a appelé Jérémie, il lui a dit : « Avant que je t'aie formé dans le ventre de ta mère, je te connaissais, et avant que tu sois sorti de son sein, je t'avais consacré, je t'avais établi prophète des nations » (Jé 1.4,5). Il ne fait aucun doute pour moi qu'une des choses que Dieu avait faites pour Jérémie avant sa naissance, était de diriger ses antécédents héréditaires pour lui donner toutes les aptitudes naturelles dont il estimait que celui-ci aurait besoin. Plus tard, il lui a octroyé des dons spirituels (voir le verset 9 par exemple). Dieu est sage. Il est donc logique de s'attendre à ce qu'il y ait un rapport entre certains de nos dons naturels et les dons spirituels que nous avons reçus du Saint-Esprit. Mais bien sûr, cela ne signifie pas qu'il y ait nécessairement un lien entre nos dons spirituels et les dons naturels particuliers que nous utilisons déjà. Examinons donc les choses à la lumière de ce que nous avons appris.

Tous nos enfants ont reçu des leçons de piano. Lorsque notre fils est arrivé à l'adolescence, il jouait dans les réunions de l'Église. Il m'a montré lors d'une discussion sur le sujet que, pour lui, son service dans l'Église était de tenir le piano. Plus tard, il a cependant reconsidéré les choses devant le Seigneur, et il prêche aujourd'hui régulièrement de façon appréciée. Il est également prêt à obéir au Seigneur si celui-ci l'appelle au ministère à temps plein. Mais cela ne l'empêche pas de se mettre au piano dans une église lorsque le besoin se présente.

Ce qui est vrai du frère ou de la sœur qui tiennent régulièrement le piano dans les réunions, l'est également de ceux qui nettoient l'église, qui tiennent la comptabilité, etc. Une fois qu'ils prennent conscience du fait que leurs aptitudes naturelles ne sont pas des dons spirituels, ils peuvent découvrir quels sont leurs dons spirituels et les utiliser. Et ils peuvent le faire la plupart du temps sans même changer leur utilisation de leurs aptitudes naturelles. Philippe et Étienne servaient aux tables *et* prêchaient. Les frères et sœurs qui nettoient l'église, ou qui tiennent l'orgue, peuvent très bien découvrir qu'ils ont un véritable *don d'exhortation,* ou *de consolation.* Le trésorier peut découvrir qu'il est doué d'*une parole de connaissance,* ou d'*une parole de sagesse,* au moyen desquelles il peut venir en aide aux chrétiens comme aux non-chrétiens.

Dans ces exemples, il n'y a pas, ou pas grand rapport, entre le don spirituel et les aptitudes naturelles que la personne utilise déjà. Il y a cependant des cas où les aptitudes naturelles servent à offrir des possibilités aux dons spirituels. C'est exactement ce qui se passe dans ces deux exemples que nous avons cités au chapitre précédent : celui de la dame qui parle de Jésus aux amies et aux voisines qu'elle attire chez elle avec ses tartes, et le conducteur d'autobus qui a un ministère pastoral envers les enfants qu'il transporte. Dans les deux cas, il s'agit de chrétiens qui utilisent leurs talents naturels pour préparer le terrain pour leur don spirituel. C'est exactement ce qu'il faut faire, mais cela ne justifie pas la confusion si courante entre les aptitudes naturelles et les dons spirituels.

Finalement, il existe des cas où les aptitudes naturelles sont le véhicule, ou le moyen par lequel s'expriment les dons spirituels. Ainsi, si on encourage ceux qui viennent au Seigneur avec le talent d'écrire des chansons, à premièrement approfondir leur foi chrétienne, pour qu'ils acquièrent une bonne connaissance et une bonne mise en pratique des choses de Dieu, il se peut qu'ils découvrent qu'ils ont un don d'évangéliste ou d'enseignant. Ils pourront alors exprimer ce don au travers des cantiques qu'ils composeront. C'est d'ailleurs ce que fait le prédicateur public : il exprime son don spirituel au travers de ses capacités naturelles innées et développées de conférencier. C'est ce que fait également l'auteur chrétien : il exprime ses dons spirituels au travers de ses talents naturels innés et développés d'écrivain. Je suis persuadé que le fait qu'on n'agisse pas de cette façon lorsqu'ils se convertissent, avec ceux qui ont le talent d'écrire des chansons, est pour une bonne part la cause du peu de profondeur de bien des « chansonnettes » qui remplacent les cantiques dans certaines Églises.

Parfois, il peut y avoir un lien profond entre les dons spirituels et certaines aptitudes naturelles. Il peut être difficile de savoir où les uns finissent et où les autres commencent.

Pardonnez-moi de parler encore de moi-même, et de mon travail d'interprétation de conférences. Comme je l'ai déjà dit, je crois que le Seigneur m'a donné le don d'enseigner sa Parole. Lorsque j'interprète un prédicateur, cela me permet de faire passer le message spirituel qu'il a reçu du Seigneur avec la même liberté que ceux que je prêche directement moi-même. Dans sa sagesse, le Seigneur m'a également préparé pour ce travail en me donnant, par hérédité, la parole facile. (Croyez-moi, certains prédicateurs ont un débit rapide, et comme il nous faut généralement en français plus de mots et des mots plus longs, pour dire la même chose qu'en anglais, je dois parfois pédaler vite.) Mais Dieu m'a également donné une curiosité naturelle insatiable concernant tous les aspects de la création et des activités humaines. En plus, par sa providence, il a permis que je vive dans des circonstances où j'ai pu lire beaucoup sur de nombreux sujets – en français dès mon enfance, puis en anglais quand je l'ai appris. Cela a pour effet que je suis rarement pris au dépourvu par le vocabulaire qu'utilise celui que je traduis. (Les prédicateurs ont tendance à utiliser des exemples tirés de leurs expériences passées : le sport, la vie à la ferme, dans l'armée, dans les affaires, au champ missionnaire, etc.) Ainsi, mon hérédité, les capacités que j'ai développées à cause d'elle et grâce à la providence de Dieu, et les dons spirituels que j'ai reçus du Saint-Esprit, se combinent pour que je puisse accomplir ce que le Seigneur me donne à faire. Mais qui pourra définir quelles sont dans mon activité les limites du rôle de chacune de ces choses ?

3. Le service

Nous avons déjà vu, en examinant les listes de dons au chapitre 2, que c'est là le sens du mot qui se trouve dans

Romains 12.7, bien que la *Nouvelle Édition de Genève* mette « ministère » (voir ch. 2 et note 7). J'aimerais ajouter quelques remarques. Est-ce que ceux qui nettoient l'église, tiennent le piano, ou la comptabilité, qui entretiennent la pelouse, etc., exercent ce don-là ? Est-ce qu'ils « servent » l'Église, dans le sens néo-testamentaire du terme ? Il est certain qu'ils rendent un service nécessaire ; mais cela ne veut rien dire. Les éboueurs et le facteur, et même les pompiers s'ils deviennent nécessaires, le font aussi. Mais est-ce qu'ils exercent un don spirituel pour autant ?

Certaines des personnes qui rendent des services à l'Église exercent en effet le don de servir. Dans ce cas-là, elles expriment tout simplement leur don spirituel à travers leurs aptitudes naturelles. Mais je crois que la plupart n'exercent pas ce don. Le terme *service*, s'il désigne le don spirituel, ne devrait pas être utilisé comme une expression passe-partout pour désigner tout ce que des chrétiens font pour l'Église, et qu'un païen pourrait faire tout aussi bien. Comme je l'ai dit au chapitre 2, je crois que le don de « service » est avant tout une attitude reçue de l'Esprit, que devraient idéalement posséder les diacres.

Je suis certain qu'on n'a aucune difficulté à s'imaginer qu'un jeune homme – ou même un plus vieux – qui dirige les chants du haut de la plateforme, peut très bien le faire, non pas tellement parce qu'il veut servir, mais parce qu'il jouit de l'attention qu'il reçoit lorsqu'il le fait. Il agite les bras, et tout l'auditoire suit ses commandements. La même attitude est possible avec n'importe quel travail, y compris laver les planchers là où tout le monde peut voir le résultat.

Je me souviens d'avoir lu l'histoire d'un homme qui avait dit au président des États-Unis : « Monsieur le président : je veux servir mon pays ! J'ai entendu dire qu'il y avait un poste d'ambassadeur à pourvoir, et j'aimerais remplir ce poste. » Et le sage président lui aurait répondu : « Mon ami, lorsqu'on veut vraiment servir, on ne commence pas par dire de quelle façon on veut le faire. »

Il me semble que l'esprit de « service », est l'esprit particulier que j'ai vu chez certains frères, et certaines sœurs qui servent au sein d'Églises et d'institutions qui sont bénies par leur présence. Cet esprit les rend prêts à faire au meilleur de leurs compétences tout ce qu'on peut attendre d'eux. Parfois c'est quelque chose qu'ils aiment vraiment faire ; parfois non. On peut leur ôter un travail qu'on leur a confié, parce qu'on a trouvé quelqu'un de plus compétent pour le faire, et leur en donner un autre que personne n'est disposé à faire, et ils l'acceptent de bon cœur. C'est la joie de « servir » qui est au centre de leur don.

En fait, je puis dire que depuis plus de 35 ans, j'ai sous les yeux quelqu'un qui a très probablement au moins le don de servir. Lorsque nous étions à l'école biblique, celle qui allait devenir ma femme montrait déjà sa disposition à servir. Comme nous tous, elle devait faire des travaux pratiques, mais elle a certainement couvert un plus large éventail de tâches que la plupart d'entre nous – du travail de bureau à la traite des vaches, en passant par la couture, le nettoyage et la cuisine. Elle les faisait toutes sans se plaindre de celles qui étaient moins attrayantes.

Elle est entrée à l'école biblique avec le désir de se préparer pour aller en mission en Afrique, ce que le fait de devenir ma femme ne lui a pas permis de faire. Vous me direz peut-être, en invoquant les Écritures, qu'il est normal que la femme suive son mari. C'est vrai, mais moi je n'ai pas eu à faire ce choix.

Les circonstances particulières du ministère auxquelles j'ai déjà fait allusion au début du chapitre six ont eu pour effet que bien que ma femme ait reçu une formation biblique semblable à la mienne, et qu'elle aimait par-dessus tout faire des visites et porter l'Évangile, elle a dû faire autre chose – tout en faisant quand même des visites et de l'évangélisation lorsqu'elle en avait la possibilité, et en enseignant régulièrement l'école du dimanche pendant de longues périodes. C'est souvent elle qui fournissait la majeure partie de la main-d'œuvre dans l'élevage de tous ces animaux dont j'ai parlé. Elle n'a jamais cessé de confectionner des vêtements pour nos enfants, pour moi, et pour elle en dernier. De plus, jusqu'à présent, elle a, chaque année, avec une ou deux exceptions, cultivé un grand potager qui nous fournit la majeure partie de nos légumes pour l'année. Le climat québécois ne permet pas comme celui de l'Europe francophone de produire les légumes en leur saison. Il faut donc tout produire dans les trois ou quatre mois sans gel, et en mettre le plus possible en conserve. Ce qu'elle fait chaque automne, en même temps qu'elle prépare nos poulets pour le congélateur. Et tout cela ne l'a jamais empêchée d'aller au secours de quiconque avait besoin de son aide physique ou spirituelle.

Oh non ! Je ne reviens pas sur ma définition du don de servir. Je ne dis pas que jardiner, faire des conserves ou élever des animaux de toutes sortes peuvent être des dons spirituels. Mais la raison pour laquelle ma femme fait tout cela, c'est afin que l'œuvre du Seigneur se fasse. Elle a sacrifié pour le Seigneur ce qu'elle préférait faire pour ce qu'il fallait faire. C'est justement la disposition à faire cela qui est, selon moi, l'essence du don de « service ». Je ne doute pas que les femmes d'un bon nombre de mes collègues pasteurs possèdent également ce don.

Par contre, bien des gens qui travaillent au sein d'Églises, à temps plein ou non, ou au sein d'une institution chrétienne ou l'autre, font simplement un travail qu'ils aiment faire, dans un milieu qu'ils préfèrent à celui du monde extérieur. Certains d'entre eux, loin d'être des serviteurs, sont plutôt les rois et les reines de leurs domaines, et gare à quiconque ose empiéter sur leurs prérogatives. Cela ne les empêche pas de s'imaginer, à tort, qu'ils exercent le don de « service ».

Mais attention : si vous êtes une personne qui rend un service d'une sorte ou l'autre à votre Église ou à la communauté chrétienne, ne vous laissez surtout pas décourager par ce que je viens de dire. Il y a bien des choses qui doivent être faites dans une Église ou une organisation chrétienne et qui ne sont pas de nature spirituelle. En fait, il est possible que si personne ne les faisait, l'Église ou l'organisation ne pourraient pas fonctionner du tout. Ces tâches ont peut-être même la valeur supplémentaire de laisser plus de temps à ceux qui font une œuvre plus directement spirituelle – comme c'était le cas dans Actes 6. Alors : continuez, et que Dieu vous bénisse pour le travail que vous faites. Mais il vaudrait la peine que vous vous demandiez de temps en temps : « Si on me demandait de laisser ma place à quelqu'un de plus qualifié, est-ce que je le ferais avec joie, pour le bien de l'Église ? Serais-je prêt ensuite à accepter une tâche que je n'aime pas autant ? Ou est-ce que je rentrerais chez moi lécher la blessure à mon orgueil, en me promettant que si c'est là toute la gratitude qu'" ils " ont, il coulera beaucoup d'eau sous le pont avant que je fasse autre chose pour l'Église ? »

De plus, même si vous avez vraiment l'esprit de service, souvenez-vous d'Étienne et de Philippe. Ne dites pas : « J'ai mon travail, et c'est tout ! » en vous privant de la possibilité de découvrir, par exemple, que les gens répondent beaucoup mieux que vous ne l'auriez pensé, lorsque vous leur parlez du salut qui est offert en Jésus-Christ. En dépit de toutes les grandes campagnes d'évangélisation, les chiffres démontrent encore que la majorité de ceux qui viennent à Jésus-Christ le font en réponse à l'évangélisation personnelle. Un contact personnel joue tout au moins un rôle principal dans la majorité des cas. Si vous oubliez cela, vous vous priverez de quelque chose d'important, et vous en priverez également tout le Corps de Christ.

9

Découvrir et développer
nos dons naturels

1. Tout commence avec les parents

L'autre jour, j'ai regardé une émission de télévision intitulée : « Les enfants ne lisent pas assez. » Vers la fin de l'émission, l'animateur a demandé à l'expert invité : « Que pouvons-nous faire pour que nos enfants aiment lire ? » L'expert a répondu : « Si vous aimez lire, vous avez déjà gagné une bonne partie de la bataille. Les enfants imitent naturellement ce qu'ils voient leurs parents faire. »

C'est également vrai dans d'autres domaines. Les parents, et particulièrement les parents chrétiens, devraient donner à leurs enfants toute l'aide possible pour qu'ils découvrent pour quoi ils sont naturellement doués : c'est-à-dire pour découvrir quels « outils » ils ont dans leur « boîte à outils génétique ». Si les parents sont intéressés à beaucoup de choses, ils possèdent probablement le matériel et les livres nécessaires, et les utilisent à la maison. Il est dès lors certain que leurs enfants voudront également essayer tout ça.

Par contre, si en dehors du travail qui leur apporte leur subsistance, les parents ne s'intéressent à rien à part du sport et des romans-feuilletons à la télévision, ils ne devraient pas se surprendre si leurs enfants ne s'intéressent à rien non plus. Mon frère : si la seule chose que tes garçons te voient faire lorsque tu n'es pas au travail, c'est astiquer ta voiture, ne t'étonnes pas de ce qu'ils n'aient pas d'intérêt sérieux dans la vie. Ne sois pas surpris si en grandissant ils n'arrivent pas à se décider en matière de métier ou de carrière, et s'ils n'aiment pas prendre de responsabilités. Ma sœur : si tu donnes l'impression à tes filles que le point central de ton existence est la beauté de ton visage et la perfection de ton vêtement, ne te surprends pas si tout ce qui semble les intéresser lorsqu'elles grandissent est leur apparence extérieure. Tu les encourages à tendre leur piège pour attraper un mari capable de leur procurer le plus de possessions matérielles possible. Si, par malheur, elles se retrouvent dans l'obligation d'élever leurs enfants seules, elles seront incapables de gagner leur vie. Vous pouvez être tous deux vraiment capables et efficaces dans votre travail extérieur, mais vos enfants ne vous voient pas dans cette activité-là.

Il ne faut pas priver les enfants de jeu. Il est nécessaire à un développement normal. Mais, de préférence, on devrait leur donner pour jouer dès la petite enfance des choses qui leur permettent de découvrir et de développer le plus possible toutes les facettes de leur personnalité. Les meilleurs jeux sont ceux qui combinent le plaisir et la découverte. Des objets tels que des cuillères, des clefs, des fermetures et des boîtes de toutes sortes et de toutes grandeurs, donnent souvent plus de plaisir aux jeunes enfants que des jouets coûteux. Il est relativement facile de se renseigner sur la valeur didactique des différents jeux, mais mentionnons-en pourtant quelques traditionnels. Il y a les puzzles – en commençant par les plus faciles, qui ont de grands morceaux, et en allant vers les plus compliqués. Il y a tous les systèmes de construction – en commençant par les simples blocs, et en continuant avec tous les systèmes plus compliqués qui existent aujourd'hui. Et il y a, bien sûr, les bons vieux albums à colorier, et les ensembles de matériel qui font découvrir toutes sortes de travaux manuels.

Cependant, une chose est importante : si les parents veulent que toutes ces activités intéressent vraiment leurs enfants et les aident à découvrir et à développer leurs talents naturels, il ne faut pas, excepté en de rares occasions, qu'ils utilisent ces choses simplement comme des moyens faciles pour garder les enfants hors du chemin et hors de vue. Plus les parents eux-mêmes s'intéressent aux activités de leurs enfants, plus les enfants s'y intéressent aussi.

On voit immédiatement l'avantage pour un enfant d'avoir une mère à la maison. La maman qui peut intégrer son travail quotidien à l'univers de ses enfants a la possibilité d'accomplir la tâche la plus noble qui soit au monde : le développement d'âmes humaines. Le père et la mère dont la participation à la vie de leurs enfants se borne à leur pourvoir le logement, la nourriture et le vêtement, le font peut-être bien, mais cela n'empêche pas qu'ils n'agissent pas en véritables parents. Il est vrai, peut-être plus aujourd'hui qu'hier, que les parents peuvent être dans des circonstances difficiles, sans conjoint, ou obligés tous les deux de travailler à l'extérieur. Je ne cherche pas à les blâmer pour cette situation, mais je voudrais les encourager à reconnaître qu'il s'agit là d'une situation anormale pour laquelle ils devraient essayer de compenser. Dans le domaine qui nous préoccupe, un moment plein d'affection, ne peut pas remplacer une longue période d'attention. Si vous ne pouvez pas être souvent avec vos enfants, assurez-vous qu'ils soient dans une ambiance où ils peuvent découvrir et développer les multiples facettes de leurs capacités.

Par dessus tout, il faut intéresser les enfants à la lecture le plus tôt possible. Ceux qui lisent sont toujours plus susceptibles de s'intéresser à beaucoup de choses, et ils peuvent toujours trouver les renseignements dont ils ont besoin sur n'importe quel sujet. Il vaut mieux se priver de bien des choses dans la maison, plutôt que de livres. Le livre le plus important est la Bible personnelle de chaque membre de la famille, et le second, un bon dictionnaire que toute la famille utilise. Nous ne devons pas nous imaginer que les révolutions audio-visuelles et informatiques ont rendu les mots inutiles. Excepté pour des objets concrets, tels qu'une maison ou un éléphant, auxquels on peut penser sans avoir de mot exact pour les décrire, nous pensons avec des mots. Nous exprimerons toujours nos concepts en mots, et on ne peut pas réduire l'enseignement des Écritures en icones.

Il est évident qu'alors que nous prenons de l'âge c'est de plus en plus à nous-mêmes qu'incombe la responsabilité de découvrir et de développer nos dons en nous intéressant au plus de choses possibles. Mais il n'y aura plus jamais dans notre vie de moment où nous serons aussi libres de le faire que nous le sommes durant l'enfance et le début de l'adolescence.

2. Quelques choses dont nous devons être conscients

a. Nos « dons » sont plutôt des collections de dons

Nous avons tendance à penser que chacun de nos dons naturels est un tout dont nous héritons en bloc. Ce n'est pas le cas. Ce que nous appelons habituellement un talent est plutôt comme une mélodie composée de beaucoup de notes. Ce sont plutôt ces notes qui sont les dons, et ceux-ci peuvent se combiner comme le font les notes pour former différentes mélodies. Autrement dit, personne n'hérite en bloc du don de pianiste, de mécanicien, de cuisinier, de pilote, de chirurgien, ou de peintre. Nous héritons plutôt de différentes aptitudes dans nos oreilles, nos yeux, notre corps, nos membres et notre intelligence. Ces aptitudes fondamentales se combinent, selon les occasions que nous avons et les choix que nous faisons, pour produire ce que nous appelons habituellement les dons. Ainsi, une personne aux doigts agiles et à la compréhension claire peut devenir outilleur. Une autre qui a également un esprit créateur peut devenir artiste. Si elles reçoivent une éducation immorale, la première peut devenir voleur à la tire, et l'autre faussaire. Un chirurgien, un horloger et une couturière ont probablement plusieurs aptitudes fondamentales en commun, mais plusieurs autres leur sont probablement particulières à chacun.

Cette façon dont nos aptitudes fondamentales peuvent se combiner a aussi pour effet que la plupart d'entre nous sont plus doués qu'ils ne le pensent. Nous devons donc faire attention de ne pas nous laisser imposer des limites, et de ne pas en laisser imposer à nos enfants, par les intérêts particuliers de la famille ou du groupe auxquels nous appartenons. Il est évident que les enfants sont le plus influencés par les activités de leurs parents, et par celles des personnes qu'ils côtoient dans leur vie quotidienne. Mais il faut rester ouvert à toutes les influences possibles. Certaines sont peut-être plus en harmonie avec nos aptitudes et nos besoins. La « boîte à outils génétique » dont nous avons hérité contient une nouvelle combinaison de certains des outils (mais pas de tous) qui sont dans « la boîte » de chacun de nos parents. Cette nouvelle combinaison nous ouvre de nouvelles possibilités qui ne leur étaient pas ouvertes.

Il y a deux facteurs qui, lorsqu'ils se combinent, peuvent nous empêcher de découvrir toutes nos possibilités :

1) la tendance humaine à choisir la voie de la facilité, et 2) le fait que c'est en forgeant qu'on devient forgeron. Nous apprenons tous à pratiquer les sports qui sont populaires dans notre milieu particulier. Dans les pays industrialisés du moins, tout le monde apprend à conduire, et aujourd'hui, à utiliser un ordinateur. Il nous est donc plus facile de nous intéresser à ces choses qu'à d'autres. De plus, comme nous nous y intéressons dès le jeune âge, nous devenons habiles. Mais il y a le danger que nous soyons tellement absorbés par ces activités-là – qui après tout font de nous des gens comme tout le monde – que nous prenions à peine le temps de nous intéresser à d'autres choses qui utiliseraient nos dons particuliers. Si on permet aux enfants de consacrer tout leur temps et toute leur énergie à un seul sport, un seul jeu ou une seule activité, on ferme leur esprit à tout ce qui existe d'autre. Ce n'est peut-être pas catastrophique s'ils sont particulièrement doués pour ces choses, et peuvent en faire une profession ; mais pour tous ceux qui ne sont pas particulièrement doués, cela signifie qu'ils arrivent au moment de choisir une carrière en n'étant intéressés à presque rien. De plus, il me semble que même si cela paie bien, c'est vraiment dommage de faire quelque chose parce qu'on est incapable de faire quoi que ce soit d'autre.

Cet aspect de la question est particulièrement important à cause de la direction que prend la société actuelle. Les économistes nous disent que les carrières de toute une vie vont se faire de plus en plus rares, et que la plupart des gens vont changer d'occupation plusieurs fois au cours de leur vie. Ces spécialistes nous disent également que ceux qui auront le plus de possibilités d'être constamment employés seront ceux qui ont plusieurs capacités fondamentales qu'ils savent recombiner comme un joueur de Scrabble recombine ses lettres pour former des mots qu'il peut placer dans le jeu.

Ensuite, il y a la retraite ! Nous y arrivons tous un jour ou l'autre, dans certaines occupations plus tôt que dans d'autres. Il n'y a rien de plus pitoyable que des gens encore capables dont la vie n'a plus aucun sens parce qu'ils ont perdu le seul travail qui les ait jamais intéressés. Ils se sentent inutiles. Ils ne savent pas quoi faire pour se tenir occupés, et ils n'ont de cesse qu'on leur donne toute attention. J'ai pu constater personnellement combien de telles personnes sont malheureuses, et quel fardeau elles peuvent être pour leurs proches et leurs amis. Quel contraste avec un homme comme mon grand-père, qui était bien content de prendre sa retraite de tourneur en fer, pour finalement pouvoir donner tout son temps aux deux choses qu'il n'avait pu pratiquer que comme passe-temps jusque là : la lutherie et l'apiculture. Ces deux occupations l'ont rendu heureux et l'ont gardé hors de la cuisine de ma grand-mère jusqu'au jour de sa mort. S'il était mort le dernier, il aurait continué, et ne serait jamais devenu un fardeau moral pour ses enfants.

b. La dimension spirituelle

Il nous faut dire quelques mots de l'aspect spirituel de l'utilisation de nos dons naturels. Tout aspect de la vie a une dimension spirituelle pour l'enfant de Dieu.

Je me rappelle avoir entendu dire lorsque j'étais à l'école biblique qu'il provenait plus de missionnaires des familles qui vivaient à la ferme que d'aucune autres. Je ne sais pas si c'est encore le cas aujourd'hui – les conditions de vie ont bien changé au champ missionnaire –, mais il semble que la raison en était que les hommes et les femmes élevés dans une ferme avaient développé une plus grande variété d'aptitudes et étaient plus adaptables que les gens des villes, et qu'ils avaient appris en plus à continuer malgré les contre-temps (la pluie ou le froid par exemple).

Ces dernières années, en Amérique du Nord tout au moins, un bon nombre d'étoiles du sport et d'autres domaines sont venues à Christ et ont donné un témoignage valable – du haut de la plateforme tout au moins. Mais cela n'empêche pas que la préparation pour une carrière dans le sport ou dans toute autre activité publique, demande des années d'entraînement durant la fin de l'adolescence et le début de l'âge adulte. À cause de la façon dont notre société sans Dieu fonctionne, il faut peut-être durant tout ce temps faire passer le culte du dimanche et les autres occupations religieuses au second plan, voire les abandonner complètement. Il faut certainement se demander comment une foi naissante pourrait résister à ces années de négligence. On pourrait paraphraser un verset biblique bien connu, et dire : « que servirait-il à un homme (ou à une femme) de devenir une étoile du sport ou de la scène, s'il (ou si elle) perdait son âme ? » Puisqu'un don naturel *n'est pas* un don de Dieu, dans le sens spirituel du terme, il n'existe aucune activité humaine, aussi glorieuse, aussi rémunératrice, aussi intéressante et aussi passionnante soit-elle, qui ait autant de valeur qu'une vie qui est plus ordinaire, mais qui laisse la place à l'exercice d'un don spirituel pour la gloire de Dieu. Il existe un dicton anglais qui dit à peu près ceci : « Vous n'avez qu'une seule vie, elle sera bien vite passée. Ce que vous aurez fait pour Christ, cela seul va compter ! »

Il est également vrai que dans la plupart des champs d'activité on est tôt ou tard dans une situation où il faut choisir de suivre ou de ne pas suivre sa conscience. Mais il y a des champs d'activité où c'est à peu près certain, et où la décision d'obéir à sa conscience peut mettre fin à une carrière. J'en ai fait l'expérience personnelle. J'ai dû abandonner une carrière dans le domaine publicitaire à Montréal parce que j'avais refusé de mettre la main à des affiches qui annonçaient l'alcool et le tabac. Il vaut mieux penser à cela avant d'entrer dans une carrière, que d'en être exclu après des années de pratique. Ce qui est encore pire, c'est de céder, et de continuer sa carrière sous la condamnation du Seigneur et de sa propre conscience.

Si nous sommes véritablement chrétien, le christianisme n'est pas une facette de notre vie, il en est l'essence, que nous le reconnaissions ou non. Tout le reste n'a de valeur que dans la mesure où il permet à cette nouvelle vie qui est en nous de se manifester (ce qui ne nous interdit pas d'avoir du plaisir et de nous amuser). Durant la dernière guerre, j'ai vécu les quatre années d'occupation de la Belgique par les Allemands. La plupart des Belges galvanisaient leur espérance avec des phrases qui commençaient par les mots : « Lorsque la guerre sera finie... » Mais les Allemands allaient si bien, que certains autres se sont mis à vivre comme si le nazisme était chez nous pour demeurer. Quelle surprise et quelle tragédie pour eux, lorsque après la défaite de l'Allemagne, les choses ont été jugées selon des lois différentes. Nous vivons maintenant sur un territoire occupé par Satan, où tout semble fonctionner selon certaines règles. Mais « quand la guerre sera finie », c'est selon les règles que nous a toujours présentées la Parole de Dieu que toutes choses seront jugées.

c. Les talents masculins et les talents féminins

Il vaut peut-être la peine de dire quelques mots sur ce sujet. On ne sait pas encore tout ce qu'il y a à savoir sur la façon dont nous héritons nos caractéristiques. Cependant, rien de ce qu'on a découvert jusqu'ici ne semble indiquer qu'un gène particulier rende le sexe masculin incapable de faire la cuisine, de coudre, de faire la lessive, de nettoyer une maison ou de changer la couche d'un bébé. Aucun gène non plus ne rend le sexe féminin incapable d'enfoncer un clou ou une vis droit, de scier une planche, de sortir les ordures, ou même d'écraser un insecte. Il est d'ailleurs intéressant de remarquer que bien des choses qui sont considérées comme des passe-temps féminins dans une société – par exemple la tapisserie, la broderie, ou la couture –, sont souvent des métiers pratiqués par les hommes dans d'autres. Et bien sûr, jusqu'à récemment, la plupart des cuisiniers professionnels étaient des hommes. Cela ne signifie cependant pas que nous devions avaler l'idée « moderne » selon laquelle toute différence entre les choses qui intéressent respectivement les deux sexes, n'est pas innée, mais est entièrement due aux préjugés de notre société. Ceux qui proclament de telles théories évoluent généralement dans les milieux intellectuels et pédagogiques. S'ils passaient un peu de temps à la campagne, ils verraient bien vite que le fermier n'a pas besoin d'apprendre à ses poules et à ses vaches à se conduire en femelles, ni à son coq et à son taureau à se conduire en mâles – et je ne parle pas d'activités sexuelles. Un documentaire « Le sexe du cerveau » qui a été télédiffusé au réseau de Radio Canada montrait que des recherches récentes avaient établi qu'une plus grosse partie de notre héritage génétique dépendait de notre sexe que certains n'aimeraient nous le laisser croire.

Mais nous n'avons pas à nous inquiéter qu'un garçon ou une fille deviennent homosexuels parce qu'ils acquièrent la capacité de pratiquer des activités habituellement associées aux personnes du sexe opposé. Ce problème a des racines bien plus profondes. Bien des craintes à ce sujet sont dues aux limites qui sont imposées à la vie dans nos villes.

Découvrir et développer nos dons naturels

Une fille élevée dans une ferme apprend souvent à faire de lourds travaux sans devenir une lesbienne pour autant. Un pêcheur professionnel ne devient pas un efféminé parce qu'il répare ses propres filets. Je n'oublierai jamais la folie qui a frappé les élèves de neuvième année de l'école que j'ai fréquentée à Bruxelles. Pendant des mois, nous nous sommes amusés à crocheter de longues queues au moyen de ce petit machin qu'on fait avec une bobine de fil vide et quatre petits clous. Chacun de nous ramassait tous les bouts de laine sur lesquels il pouvait mettre la main, en autant de couleurs que possible, et nous allongions notre queue dès que nous avions un moment libre. Chaque jour, nous comparions pour voir qui était le gagnant du jour. Cela nous a bien amusés. C'était très bon pour développer notre dextérité, et aucun d'entre nous n'a montré de tendances homosexuelles à cause de cela.

De même, j'ai toujours pu entreprendre n'importe quel travail de construction – d'une niche à chien à une maison –, et m'attendre à ce que ma femme me serve de compagne de travail. La plus jeune de nos filles a déjà construit plusieurs maisons avec son mari, et sa mère a donné un bon coup de main dans les dernières. Notre fils fait souvent la cuisine chez lui – tout comme je le fais, et comme mon père l'a fait avant moi –, et nous nous sentons tous parfaitement à l'aise avec notre propre sexe.

10

Découvrir et développer nos dons spirituels

Première partie : Ce que nous devons savoir

1. Il faut commencer quelque part

« Comment puis-je découvrir mes dons spirituels ? Quelles capacités particulières le Seigneur m'a-t-il données pour le servir ? Par où est-ce que je commence ? » Voilà des questions qu'on entend poser de plus en plus dans les milieux évangéliques.

C'est un fait qu'au moment de notre conversion, nous ne savons rien de tout cela. Pourtant nous savons certaines choses. Nous savons ce que nous étions jusque là. Nous savons que nous avons tous certaines capacités, du temps et des moyens – certains plus que d'autres. De plus, il y a des choses que nous devrions apprendre bien vite si l'Église locale dont nous faisons partie fait son travail. Parmi ces choses, il y a plusieurs principes.

2. Trois principes

Un premier principe

« Au commencement, Dieu... » C'est là la première vérité que nous enseigne l'Écriture. Tout ce qui existe d'autre

121

est de Dieu et pour Dieu. L'essence même du péché, est le fait de connaître Dieu et de ne pas l'honorer comme Dieu (Ro 1.21). Cela veut dire ne pas lui donner la place suprême à laquelle il a droit dans l'univers et, par conséquent, dans notre vie. Cela veut dire ne pas reconnaître qu'il est le centre de toutes choses, que tout existe pour lui, et que tout devrait être fait pour lui et selon sa volonté. Le premier qui a pris une telle attitude est Satan – il est le premier pécheur de la création. Il a ensuite persuadé Adam et Ève de faire la même chose. Ils ont été les premiers pécheurs humains.

Pour Satan, la situation est sans retour ; mais elle ne l'est pas pour nous. La raison pour laquelle Dieu nous a sauvés par grâce, par le moyen de la foi, était de *montrer* « l'infinie richesse de sa grâce » (Ép 2.1-9). Nous ne pouvons donc aucunement tirer orgueil de notre salut (v. 9). Dieu nous a prédestinés à devenir ses enfants « pour célébrer *la gloire de sa grâce* » (Ép 1.5,6). « Nous sommes devenus héritiers [...] afin que nous servions à *célébrer sa gloire* » (v. 11,12). Dieu nous a « acquis pour *célébrer sa gloire* » (v. 14).

Assez curieusement, pour nous demander de le glorifier, Dieu ne s'appuie pas sur ses droits légitimes de Créateur, ou sur l'importance du plan selon lequel il nous a racheté, mais sur l'amour qu'il nous a témoigné. À Israël, il a dit : « Je suis l'Éternel, ton Dieu, *qui t'ai fait sortir du pays d'Égypte, de la maison de servitude.* Tu n'auras pas d'autres dieux... » (Ex 20.1,2). À nous, chrétiens, il dit par l'apôtre Paul : « Je vous exhorte donc, frères, *par les compassions de Dieu,* à offrir vos corps comme un sacrifice vivant, saint, agréable à Dieu... » (Ro 12.1). Par son modèle de prière, le Seigneur Jésus a enseigné que nos premières requêtes devraient être : « Que ton nom soit sanctifié ; que ton règne vienne ; que ta volonté soit faite sur la terre comme au ciel »

(Mt 6.9,10). Mais même dans ce cas, nous faisons nos requêtes non pas à Dieu comme Créateur, mais comme « Père ».

En d'autres mots, quels que soient la carrière ou le métier que nous avons choisis, si nous sommes chrétiens, nous devons vivre avant tout et par-dessus tout pour Dieu. Non seulement il a le droit de nous demander de le faire, mais il a également démontré par Jésus-Christ qu'il avait notre plus grand bien à cœur. Par conséquent, étant donné l'amour dont il a fait preuve envers nous, de ne pas lui obéir est non seulement un péché, et un manque énorme de gratitude de notre part, c'est également – pardonnez-moi l'expression – complètement stupide. Pourtant, énormément de chrétiens ne veulent pas vivre de cette façon. Ils croient à un christianisme anthropocentrique, dans lequel l'homme est au centre et prend ses propres décisions. Ils croient également que Dieu est obligé de les bénir s'ils utilisent la formule magique de la foi. Tout comme les païens se servent de formules et d'objets magiques pour forcer les puissances invisibles à les servir, ils utilisent une prétendue foi comme un moyen magique qui oblige Dieu à faire ce qu'ils lui demandent. Si c'est là votre attitude, vous éprouverez beaucoup de difficultés pour découvrir votre véritable don spirituel.

Il serait bon dans ce contexte de relire Hébreux 11 où l'auteur nous présente un bon nombre de « héros de la foi ». Il nous dit d'eux : « Tous ceux-là, à la foi desquels il a été rendu témoignage, n'ont pas obtenu ce qui leur était promis » (v. 39). C'est là une affirmation qui contredit la perception que beaucoup de chrétiens ont de la foi. Pour eux, le fait que quelqu'un ne reçoive pas ce qu'il espérait est une preuve de son manque de foi. Mais ce que nous enseigne tout le chapitre 11 de l'épître aux Hébreux, c'est que la foi véritable n'est pas centrée sur nous-même. Parce que ces gens de foi avaient la foi dans l'accomplissement du plan de Dieu, ils ont pu, aussi bien obtenir de grandes choses (v. 4-25a), qu'accepter de lourdes pertes (v. 35b-40). Celui ou celle qui a la foi de croire que Dieu accomplit un plan merveilleux, non seulement est prêt, mais désire ardemment, jouer le rôle que Dieu lui a réservé – indépendamment du gain immédiat qu'il en retire. Une telle attitude de notre part, nous aidera énormément, non seulement à découvrir nos dons spirituels, mais aussi à savoir quand, où et comment les utiliser.

Nous devons également nous rappeler que Dieu est un Dieu saint, et que si nous voulons qu'il nous utilise, nous devons tendre vers la sainteté de vie (Lé 19.2 ; 1 Pi 1.15,16). Pour montrer à Timothée l'importance de rester pur, Paul utilise l'image d'une maison dans laquelle il y a des vaisseaux qu'on utilise pour des usages propres, et d'autres qu'on utilise pour des usages sales. Il lui dit alors que seul un chrétien qui reste pur peut être « un vase d'honneur, sanctifié, utile à son maître, propre à toute bonne œuvre » (2 Ti 2.20,21).

Un deuxième principe

Le deuxième principe a un lien étroit avec le premier. Lorsqu'on a demandé à notre Seigneur quel était le plus grand commandement, il a donné une réponse avec laquelle même les pharisiens étaient d'accord : « Tu aimeras le Seigneur, ton Dieu, de tout ton cœur, de toute ton âme, et de toute ta pensée » (Mt 22.37). Comme second, il a donné : « Tu aimeras ton prochain comme toi-même. » Puis il a conclu en disant : « De ces deux commandements dépendent toute la loi et les prophètes. » Il est tout aussi vrai que ces deux commandements résument toutes les exhortations du Nouveau Testament sur la vie chrétienne. C'est Jésus qui nous est donné comme suprême exemple de cette façon de vivre : « Ayez en vous les sentiments qui étaient en Jésus-Christ » (Ph 2.5). Les Juifs de l'Ancienne Alliance n'avaient pas reçu cet exemple.

De façon plus précise, la Bible nous dit des dons spirituels, qu'ils sont « la manifestation de l'Esprit [...] donnée *pour l'utilité commune* » (1 Co 12.7) ; et que nous devons y aspirer « pour l'édification *de l'Église* » (14.12). De plus, Paul s'interrompt au beau milieu de son enseignement sur les dons spirituels pour nous donner le magnifique chapitre 13 avec son hymne à l'amour. Ce chapitre ne laisse aucun doute sur le fait que tout ce qui est relié à l'utilisation des dons spirituels doit reposer sur l'amour.

Cela signifie que, immédiatement après votre amour pour Dieu, ce qui va vous aider le plus à découvrir vos dons spirituels, c'est votre amour pour votre prochain – c'est-à-dire tous les hommes en général, et les enfants de Dieu en particulier. Plus vous vous dévouerez au service de Dieu et de votre prochain, plus vous deviendrez conscient des aptitudes spirituelles particulières que vous avez reçues de Dieu. C'est là toute la raison d'être des dons. En fait, je vais maintenant énoncer ce que je pense être la vérité la plus importante de toute cette étude. Si vous en savez très peu sur les dons spirituels et sur leur fonctionnement, mais que vous êtes conduit par ce double désir de servir Dieu selon sa volonté, et votre prochain comme vous-même, il est très probable que vous utiliserez vos dons spirituels, et que vous les utiliserez bien – et cela, même si vous n'êtes pas trop certain de quels dons vous possédez. Par contre, même si vous savez tout ce qu'il y a à savoir sur les dons spirituels, et même si vous savez exactement quels sont vos dons particuliers, vous ne les utiliserez probablement pas de la bonne façon si vous n'êtes pas habité par ce double amour. Bref, en accord avec 1 Corinthiens 13.2, en ce qui concerne les dons spirituels également il vaut mieux être ignorant et avoir de l'amour, que de tout savoir et de ne pas avoir d'amour[1]. Évidemment, le mieux est de posséder à la fois la connaissance et l'amour.

Une conséquence de ces deux principes

Nous avons dit au début de ce chapitre, que lorsque nous devenons chrétiens, il y a une chose que nous savons déjà :

---

1. On trouve une démonstration pratique de ce que je viens de dire dans le ministère de Gene Getz, à Dallas, au Texas. Getz, un véritable homme de Dieu que j'ai eu la joie de traduire lors de plusieurs conférences au Québec, a eu un ministère formidable dans la région de Dallas où il a fondé un bon nombre d'Églises dont il a également été pasteur. Mais d'après ce qu'il dit dans *Redécouvrons l'Église locale* (Montréal, Éditions Sembeq, 1997), dans le résumé du chapitre 11 : « les Écritures n'affirment nullement qu'il faille rechercher ou tenter de découvrir ses propres dons spirituels. Par contre, elles insistent beaucoup sur l'importance, pour les chrétiens, d'acquérir de la maturité en Christ, aussi bien individuellement que collectivement. » Getz croit que *tous* les dons énumérés dans les épîtres étaient des dons donnés pour son affermissement à l'Église primitive seulement, à cause de ses circonstances particulières, et parce que le Nouveau Testament n'avait pas encore été mis par écrit. Je ne suis pas d'accord avec cette position, mais le fait demeure que parce que dans les Églises qu'il a fondées, on encourage tous les chrétiens à être des membres actifs du Corps de Christ et à acquérir la maturité spirituelle, ces Églises sont florissantes. Je ne sais pas quels problèmes pratiques son point de vue sur le sujet peut créer – je suis certain qu'il y en a, mais je n'ai visité aucune de ces Églises. Je dirais néanmoins que les membres de ces Églises sont comme le genre de personnes que je viens de décrire « qui en savent très peu sur les dons spirituels et sur leur fonctionnement, mais qui sont conduites par le double désir de servir Dieu selon sa volonté, et leur prochain comme elles-mêmes. Elles utilisent donc bien leurs dons spirituels, même si elles ignorent qu'elles les possèdent. » C'est un peu comme le fait qu'un chrétien véritable qui ne croit pas à la sécurité du croyant, possède quand même cette sécurité.

« nous avons tous certaines capacités, du temps et des moyens – certains plus que d'autres ». Et bien, si les deux principes que nous venons d'énoncer gouvernent véritablement notre vie, il va s'y produire de profonds changements. Si jusque là, tout ce que nous sommes et tout ce que nous avons, ont servi à nous procurer tout ce que nous voulions, ils doivent maintenant servir à donner au Seigneur tout ce qu'il attend de nous. C'est en utilisant ce que nous possédons déjà – nos capacités, notre temps et nos possessions (y compris l'argent que nous gagnons ou possédons) – que nous apprennons à vivre premièrement pour servir Dieu, et ensuite pour servir notre prochain. C'est aussi de cette façon que nous démontrons que nous le faisons vraiment.

Un mot sur l'argent

Notre Seigneur a dit des choses extrêmement importantes sur l'utilisation de l'argent comme moyen d'apprendre comment utiliser les richesses spirituelles. Il a dit que nous devrions utiliser nos richesses matérielles pour augmenter la moisson d'âmes pour le ciel (Lu 16.9). Il a ajouté : « Celui qui est fidèle dans les moindres choses l'est aussi dans les grandes, et celui qui est injuste dans les moindres choses l'est aussi dans les grandes. Si donc vous n'avez pas été fidèles dans les richesses injustes [les biens matériels], qui vous confiera les véritables [les richesses spirituelles] ? » (v. 10,11 – j'ai ajouté les mots entre crochets).

Est-ce que je comprends bien ce que notre Seigneur affirme ? Il dit que si nous sommes incapables d'utiliser pour l'avancement de son Royaume les biens matériels et l'argent qu'il nous confie, il ne nous confiera pas l'administration de richesses spirituelles. Les richesses spirituelles dont il parle ne sont pas le salut : le salut est un don que nous ne

127

pouvons pas acheter (1 Pi 1.18). Le Seigneur ne parle pas non plus des récompenses que nous recevrons dans l'au-delà. Il utilise le verbe « confier ». On confie quelque chose à quelqu'un parce qu'on est certain qu'il l'utilisera bien. Paul utilise le même verbe lorsqu'il parle de « l'Évangile de la gloire du Dieu bienheureux, Évangile qui m'a été *confié* » (1 Ti 1.11).

Quelqu'un dira peut-être : « Est-ce que vous n'accordez pas trop d'importance à ce sale argent ? » Pas du tout ! Lisez le verset 10 (de Luc 16) : « Celui qui est fidèle dans les *moindres choses* l'est aussi dans les grandes, et celui qui est injuste dans les *moindres choses* l'est aussi dans les grandes. » Il est clair que pour notre Seigneur les biens matériels ont bien moins de valeur que les richesses spirituelles. Cependant, il est également clair que pour lui, la façon dont nous administrons ces biens de moindre valeur, révèle la façon dont nous administrerons les richesses les plus importantes qui soient.

Il existe un principe didactique important, qui est qu'on apprend les principes fondamentaux à partir des choses qui sont déjà familières, avant de progresser vers de nouvelles. Vous avez appris à lire avec des mots et des phrases qui se rapportaient à des choses qui vous étaient familières. Si vous avez étudié l'algèbre, vous vous souvenez qu'il aurait été bien plus facile d'utiliser l'arithmétique pour résoudre les premiers problèmes d'algèbre qu'on vous a donnés. Cependant, une fois que vous avez compris les principes de l'algèbre, vous avez pu résoudre des problèmes impossibles à résoudre par l'arithmétique ordinaire. Les enfants apprennent à respecter Dieu en apprenant d'abord à respecter leurs parents. Ils apprennent à respecter la propriété d'autrui en apprenant d'abord à respecter les jouets et les autres possessions de leurs frères et sœurs. Le Seigneur est un enseignant

hors pair. Si vous étudiez attentivement les lois qu'il a données à Israël par Moïse, vous verrez qu'il utilise souvent ce
principe d'enseigner des vérités profondes par des règles
simples pour la vie quotidienne. On trouve un très bon exemple de cela dans 1 Corinthiens 9.9,10. Paul nous dit que la
compréhension du commandement « Tu ne museleras point
le bœuf quand il foule le grain », que Dieu a donné dans
Deutéronome 25.4, doit conduire finalement jusqu'à la conclusion que ceux qui exercent le ministère parmi les chrétiens doivent être payés suffisamment pour le travail qu'ils
font.

Ainsi, si vous n'avez pas appris les principes de l'administration de vos biens pour le service du Seigneur, vous
trouverez probablement difficile de découvrir pour quel service spirituel vous êtes doué. Malgré tous vos efforts, le
Seigneur peut tout simplement refuser de bénir votre don
spirituel par des résultats spirituels. Comme le dit Merril C.
Tenney : « La façon dont nous utilisons nos biens matériels
révèle notre vrai caractère. Ceux qui ne savent pas les utiliser avec sagesse ne méritent pas qu'on leur confie la responsabilité de richesses spirituelles »[2]. Et comme le dit
Wiliam MacDonald : « Celui qui n'est pas honnête envers
le Seigneur dans l'utilisation des richesses injustes *[l'ar-
gent]*, ne peut pas s'attendre à ce que celui-ci lui confie les
richesses véritables *[spirituelles]*[3] » *[italiques pour souli-
gner]*.

Attention !

Il n'est pas question dans ce passage de donner de ses
biens matériels au Seigneur dans l'espoir de recevoir en retour

---

2. *The Wycliffe Bible Commentary*, Charles F. PFEIFFER and Everett
F. HARRISON, ed., Chicago, Moody Press, 1962, p. 1055.

3. *Believer's Bible Commentary – New Testament*, Nashville,
Thomas Nelson, 1990, p. 247.

quelque chose de lui. C'est là la façon de donner des adorateurs des religions païennes. Ils pensent qu'ils peuvent ainsi forcer leur dieu, ou leurs dieux, à leur donner ce qu'ils désirent. La façon de donner dont notre Seigneur a parlé, est celle que font ceux qui reconnaissent deux choses importantes. Premièrement : comme Créateur de toute notre personne et de toutes nos possessions, Dieu y a *totalement droit*. Deuxièmement : parce qu'il nous a gracieusement fait un don qui a plus de valeur que toutes les richesses que pourrait contenir l'univers, il *mérite* que nous lui donnions toute notre personne et toutes nos possessions. S'il nous demandait de lui donner tout ce que nous possédons et gagnons, et de vivre dans la plus abjecte pauvreté, ce serait encore bien moins que ce qu'il mérite de notre part. Habituellement, il ne nous en demande pas tant. Pourtant, si nous comprenons vraiment qui est Dieu, de même que la véritable valeur du salut qu'il nous a donné, c'est dans cet esprit que nous donnerons. Nous serons prêts à nous sacrifier pour donner.

Si vous donnez dans cet esprit-là, il est bien possible que le Seigneur jugera bon de vous donner plus, pour que vous aussi puissiez donner plus. Vous découvrirez peut-être alors, ou les autres découvriront, bien que vous le pratiquez sans le savoir, que vous avez le don de libéralité (Ro 12.8).

Un troisième principe

Le troisième principe que nous devons comprendre, c'est que, même si le Seigneur doue particulièrement certaines personnes pour faire certaines choses, nous sommes tous exhortés à faire ces choses, que nous soyons doués ou non. Si nous avons l'occasion de présenter l'Évangile à un non-croyant, nous n'avons pas à nous demander premièrement si nous avons le don d'évangéliste. Si nous sommes avec un chrétien plus jeune qui a besoin d'être éclairé sur un point de l'Écriture que nous comprenons bien, nous n'avons pas à nous assurer que nous avons le don de docteur avant de l'aider. Si nous voyons quelqu'un dans le besoin, nous devrions lui donner ce que nous pouvons sans nous demander d'abord si nous avons le don de libéralité. Il en est ainsi de tous les dons. Dans notre chapitre sur les dons naturels, nous avons dit que c'est en nous essayant à tout ce que nous avons l'occasion de nous essayer que nous découvrons pour quoi nous sommes doués. C'est la même chose avec les dons spirituels. Si nous saisissons – sous la direction du Seigneur – toutes les occasions qui se présentent à nous de le servir et de servir notre prochain, et si nous le faisons sous la direction de l'Esprit – pas pour notre gloire ou notre gain personnels, mais pour la gloire de Dieu – nous allons progressivement découvrir, et les autres aussi, quels dons spirituels nous avons reçus du Seigneur. Ils se manifesteront dans nos activités.

11

Découvrir et développer nos dons spirituels

Deuxième partie : Ce que nous devons faire

En accord avec ce que nous avons dit dans le chapitre précédent, nous devons faire plusieurs choses.

1. Nous devons reconnaître que parce qu'il est notre Créateur, Dieu a droit à ce que nous lui consacrions toute notre personne, toutes nos possessions et toutes nos activités. De plus, il mérite également que nous le fassions, à cause de tout ce qu'il nous a donné en Jésus-Christ. Il aurait le droit de nous sacrifier pour lui. Au lieu de le faire, il a démontré son amour en se sacrifiant lui-même pour nous en Jésus-Christ. Il aurait le droit d'accomplir ce qu'il a décidé, sans ce soucier des conséquences que cela aurait pour nous. Au lieu de cela, il le fait d'une façon qui est toujours la plus profitable pour nous. Il ne le fait pas toujours d'une façon qui nous semble la plus agréable au moment même, mais toujours en accomplissant ce qui est le meilleur pour nous. Dieu *est* amour : il ne pourrait pas agir autrement ! Dès lors, de ne pas le servir avec un dévouement total est de notre part, non seulement un signe d'orgueil incommensurable, c'est également un acte de stupidité totale.

2. Nous devons reconnaître qu'une bonne partie de notre service envers le Dieu que nous ne voyons pas, est un

service envers notre prochain que nous voyons. Certains ont besoin d'être conduits au Seigneur. D'autres qui le connaissent déjà ont besoin de nos services fraternels. Il ne sert à rien de prétendre que nous servons le Seigneur que nous ne voyons pas, si nous refusons de servir les personnes que nous voyons (1 Jn 3.16-21 ; 4.20,21).

3. Nous devrions commencer par consacrer toutes nos capacités, tout notre temps et tous nos biens au service du Seigneur et des autres, dans l'Église et hors de celle-ci, en accord avec notre connaissance de la volonté de Dieu. Il est vrai qu'il est possible de donner, et même de donner beaucoup, sans avoir un esprit chrétien ; mais il est impossible d'avoir un véritable esprit chrétien et de ne pas donner. Le christianisme qui ne donne pas, est du christianisme de nom seulement (1 Jn 3.18) ; le christianisme qui ne donne pas selon ses moyens est du pauvre christianisme (Ga 6.6-10 ; Ja 2.15,16).

« Attendez donc une minute ! », dira quelqu'un. « Je comprends bien ce que vous dites au sujet du temps et de l'argent ; mais vous avez dit dès le début que nos aptitudes naturelles ne sont pas des dons spirituels, qu'il ne faut pas les confondre avec eux, et que nous ne sommes pas nécessairement obligés de les utiliser. »

Vous avez raison ! Mais il existe une énorme différence entre utiliser vos dons naturels parce que vous les prenez pour des dons spirituels, et les utiliser de la façon dont nous parlons maintenant. Avec cette seconde attitude, la bonne, le fait que vous utilisiez certaines de vos capacités naturelles parce qu'elles sont nécessaires, ne vous empêchera pas de chercher à découvrir vos dons spirituels. Au contraire il vous aidera à le faire.

Ce que nous visons, ce n'est pas d'utiliser nos dons spirituels plutôt que nos talents naturels, mais d'utiliser les deux.

Pensez-y : vous ne pouvez pas exprimer vos dons spirituels autrement que par le moyen de vos aptitudes naturelles. Ils ne peuvent se manifester que par deux canaux : vos paroles et vos actes. Comme je le racontais au chapitre 7, lorsque j'ai parlé à ce jeune homme qui était encore à l'école biblique, j'ai dit que d'« avoir la parole facile *pouvait être* une bonne raison pour ne pas devenir prédicateur ». Je n'ai pas dit « *était* une bonne raison ». Au chapitre 8, nous avons vu que « parfois, il peut y avoir un lien profond entre les dons spirituels et certaines aptitudes naturelles. Il peut être difficile de savoir où les uns finissent et où les autres commencent. » Personne ne devrait donc penser que, quelles que soient les aptitudes naturelles qu'il utilise présentement, et les choses qu'il aime faire, il faut absolument qu'il regarde dans une autre direction pour trouver ses dons spirituels.

Prenons quelques exemples :

La parole facile

Si vous aimez parler des choses que vous savez, et passer vos connaissances à d'autres, il est évident qu'au fur et à mesure que vos connaissances sur la Parole de Dieu augmentent, vous allez en parler. C'est d'ailleurs ce que vous devez faire. Mais le temps montrera – si pas à vous, du moins aux autres – si vous avez vraiment reçu de Dieu cette perception spirituelle particulière qui rend apte à communiquer sa Parole.

L'administration

Si vous êtes administrateur dans votre travail séculier, vous êtes peut-être aussi la bonne personne pour faire ce même genre de travail dans une Église locale, surtout si elle est suffisament importante pour avoir du personnel de bureau, ou dans une organisation chrétienne ou l'autre. Il faut espérer qu'on vous « éprouvera d'abord », comme l'Écriture l'exige pour les diacres. On verra bien vite si votre réussite dans le monde des affaires est simplement due à votre bonne connaissance des règles – bonnes et mauvaises – qui le régissent, ou si vous avez vraiment reçu le don spirituel de diriger. On verra bien vite si l'onction du Saint-Esprit se répand par votre moyen pour enlever, réduire ou soulager les frictions inévitables qui se produisent à l'occasion, même parmi des compagnons de travail chrétiens.

Cela ne vient peut-être pas immédiatement à l'esprit, mais il existe une énorme différence entre le travail de direction ou d'administration dans le monde, et le même travail dans l'Église. Dans le monde des affaires, beaucoup de ceux qui détiennent l'autorité – même des chrétiens – manipulent souvent astucieusement les gens pour obtenir le résultat voulu. Mais même si vous ne le faites pas, il se peut que vous soyez maintenant dans une situation où vous pouvez, non seulement engager et congédier les gens en fonction de leurs compétences, mais également ne conserver autour de vous que ceux avec qui vous aimez travailler. Il est vrai que ceux qui dirigent la Maison du Seigneur doivent également garder à l'esprit le bien de cette œuvre. Mais l'œuvre du Seigneur inclut le développement de *tous* les membres du Corps de Christ. Tous ceux qui y travaillent, y compris les conducteurs, ont entre eux une responsabilité mutuelle qui n'existe pas dans une firme humaine. Les collaborateurs que vous aurez ne seront pas toujours les meilleurs qui soient, mais seront souvent les seuls qui soient disponibles. Certains pourront être très compétents, mais ne pas être la sorte de personnes avec lesquelles vous aimez particulièrement travailler. Vous ne pourrez pas simplement passer une annonce dans un journal pour leur trouver des remplaçants. De plus, même si vous trouviez à les remplacer, ils ne disparaîtraient pas simplement de votre vie comme le font les employés que vous congédiez dans le monde. Ils seront vraisemblablement encore membres de votre Église. Vous continuerez à les voir régulièrement. Vous continuerez à prier avec eux – peut-être même pour un nouvel emploi, si l'Église les employait à temps plein. Vous continuerez à partager avec eux la responsabilité mutuelle qui appartient aux membres d'un même corps. Diriger dans de telles conditions exige véritablement un don de l'Esprit.

Homme à tout faire

Même si vous êtes l'homme à tout faire de votre Église, on verra bien vite – les autres surtout – si vous faites simplement un travail que vous aimez faire, ou si vous avez vraiment le don de servir. Si vous l'avez, votre attitude le démontrera. Vous serez humblement prêt à faire tout ce qui doit l'être pour le service du Seigneur.

Mais même si vous exercez fidèlement le don de servir, dans l'une des deux dernières capacités que je viens de mentionner, par exemple, ou comme le faisaient les sept d'Actes 6 – si on en juge par les qualités exigées d'eux –, qui sait si vous n'avez pas également le don d'évangéliste, comme l'avaient deux d'entre eux[1] ?

---

1. C'est d'ailleurs là une raison pour laquelle il faut faire attention de ne pas être trop théorique en matière de dons spirituels. Si on a la capacité et le temps de faire quelque chose pour la gloire de Dieu, il faut le faire, sans trop se préoccuper de la catégorie de don dans laquelle placer cette activité.

Lorsque je dis que je tends à croire que les listes de dons trouvées dans les Écritures sont complètes, il est à peu près certain que quelqu'un va me parler d'une activité qui est vraiment faite à la gloire de Dieu et

Les dons naturels et les dons spirituels

Ce qui est important, c'est que si vous avez la bonne attitude dont nous avons déjà parlé, vous ne vous sentirez pas obligé d'utiliser toutes vos aptitudes naturelles. Pour dire les choses autrement : avec la bonne attitude, vous les utiliserez comme « outils » pour vos dons spirituels, au lieu de les prendre pour les dons spirituels eux-mêmes. Vos dons

---

me demander si je ne crois pas que c'est un don spirituel qui n'est pas dans les listes. Ainsi, quelqu'un qui a lu le manuscrit du présent ouvrage m'a dit : « Je connais une sœur qui chante en solo aux réunions, et qui choisit toujours exactement le cantique qu'il faut. Je suis toujours profondément béni de l'entendre. J'admets que sa capacité pour chanter est un don naturel et non spirituel ; mais ne penses-tu pas qu'elle puisse avoir un don de Dieu pour choisir les cantiques qu'elle chante ? » On peut répondre plusieurs choses à une telle question.

Tout d'abord : il y a plusieurs choses qu'un chrétien obtient de Dieu pour le service, à part des dons. Il le faut, puisque, comme nous l'avons dit, nous sommes tous exhortés à faire les choses que font probablement plus efficacement ceux qui sont doués spirituellement pour les faire. Ainsi Jacques 1.5 offre la sagesse à tous les chrétiens qui la demandent. Il est donc évident que même sans avoir de don particulier, le chrétien qui vit dans la présence de Dieu et se repose sur son aide fera un bon travail dans plusieurs de ces domaines. Ainsi, il est très probable que dans un milieu où très peu de croyants sont actifs, celui qui témoigne beaucoup autour de lui et amène des membres de sa famille, des amis et des compagnons de travail à Christ sera difficile à distinguer de celui qui a le don d'évangéliste. 1 Corinthiens 14 nous présente un ordre de réunion dans lequel tous participent activement (v.26). Dans les Églises qui pratiquent ce genre de culte d'adoration, on n'a généralement pas de difficulté à faire la différence entre le frère qui ouvre la bouche sous la direction du Saint-Esprit et celui qui veut simplement faire absolument part de quelque chose aux autres. Mais tout frère qui ouvre la bouche devrait être, et peut être dans la première catégorie. C'est peut-être simplement ce que fait cette sœur quand elle chante.

Deuxièmement, nous avons vu dans la liste des dons spirituels, celui d'une *parole de sagesse*. Et comme nous l'avons dit une telle parole n'est pas nécessairement une citation des Écritures. Elle peut simplement être imprégnée de leur sagesse. Cette sœur a peut-être ce don-là, et parle par des cantiques qui sont eux-mêmes imprégnés de la Parole de Dieu.

spirituels prendront la première place. Comme un bon ouvrier, vous les exercerez au moyen de l'outil le plus approprié à la tâche à accomplir. Vous serez également prêt à arrêter d'utiliser les aptitudes naturelles qui ne sont plus nécessaires là où le Seigneur vous a placé. Vous serez capable de remettre n'importe quelle aptitude naturelle dans votre « boîte à outils familiale », temporairement ou définitivement, lorsqu'elle n'est plus nécessaire, ou qu'une autre permettrait un meilleur travail. Vous ne serez pas tenté de courir désespérément ça et là pour trouver une autre place pour l'utiliser, comme vous le feriez si c'était un don spirituel. Vous ne ferez pas comme un petit garçon qui vient de recevoir une scie jouet, et qui veut scier tout ce qui lui tombe sous la main.

Il y a bien des années, j'étais très proche d'un serviteur de Dieu qui avait plusieurs enfants, et dont la famille était habitée de l'esprit missionnaire. Un des garçons qui était à l'âge où les garçons rêvent souvent d'être conducteur d'autobus, chauffeur de poids lourd, pilote ou pompier, rêvait, lui, d'être conducteur d'autobus missionnaire, chauffeur de poids lourd missionnaire, pilote missionnaire, ou pompier missionnaire. Voyez-vous, il avait absorbé un peu de l'esprit missionnaire, il avait la notion de la responsabilité qu'a le chrétien de servir le Seigneur, mais tout cela n'était pas assez puissant pour surmonter son désir d'exercer une profession de

---

Troisièmement, qu'importe qu'il s'agisse ou non d'un don spirituel. Cette sœur a cette capacité, qu'elle utilise pour la gloire de Dieu : qu'elle continue.

Et finalement, s'il ne lui faut pas tout le temps qu'elle a de libre pour se préparer à chanter, qu'elle reste ouverte à la possibilité qu'elle a aussi un, ou un autre, don spirituel, qu'elle peut utiliser pour servir le Seigneur. Je reviens encore à l'exemple de Philippe et d'Étienne ; qu'elle ne dise pas : « Moi je chante pour le Seigneur, et c'est tout ! »

son choix. C'est là, j'en ai bien peur, l'attitude de bien des chrétiens qui prennent leurs aptitudes naturelles pour des dons spirituels.

Bien sûr, on a besoin dans l'œuvre du Seigneur, de pilotes, d'hommes à tout faire, de musiciens, de comptables, de cuisiniers, et de centaines ou de milliers d'autres personnes capables. Mais si vous êtes une de ces personnes, *s'il-vous-plaît*, ne prenez pas votre don naturel pour un don spirituel. Si vous le faites, vous risquez de devenir ce qu'auraient été Étienne et Philippe s'ils s'étaient contentés de servir aux tables. Si vous ne pensez pas que cela aurait été dommage, ôtez les autres ministères de ces deux hommes du livre des Actes, et voyez quel vide cela aurait laissé dans le ministère de l'Église du début (Ac 6 - 8).

Si vous avez la bonne attitude, vous saurez aussi reconnaître si l'utilisation de certaines de vos aptitudes naturelles est pour vous une source de tentation, à cause de sa nature publique, par exemple, et du fait que vous n'êtes pas chrétien depuis très longtemps, ou pour quelque autre raison. Il est aussi possible qu'au bout d'un temps vous perceviez que pour certaines raisons – connues peut-être seulement de Dieu et de vous –, il serait préférable que vous abandonniez une avenue de service ou l'autre.

Vous serez également plus fort pour résister à l'orgueil qui nous égare tous parfois, ou qui nous pousse à entreprendre plus de choses que nous n'en pouvons bien faire. De plus, au travers de tout cela, vous serez plus à même de résister aux pressions qu'on mettra sur vous pour que vous utilisiez certaines de vos aptitudes naturelles, surtout celles qui sont spectaculaires. Croyez-moi, vous aurez à résister. Si vous avez cette sorte d'aptitudes, des frères et des sœurs bien intentionnés, mais souvent mal inspirés, vont faire pression sur vous pour que vous les utilisiez.

Un principe de plus

Résumons-nous. Si vous voulez découvrir votre don, ou vos dons spirituels, vous devez d'abord vivre selon les deux principes que nous avons énoncés plus tôt : 1) servir Dieu par dessus tout, et puis 2) votre prochain comme vous-même. Vous le faites d'abord avec ce que tous les humains ont à leur disposition : votre énergie, votre temps et vos biens. Mais si vous vivez une vie chrétienne normale, sa dimension spirituelle a commencé à s'élargir dès le moment de votre conversion. Favorisez son expansion en lisant votre Bible et en priant tous les jours. Absorbez tout l'enseignement que votre Église dispense. Ne soyez pas un membre-d'Église-du-dimanche-matin-seulement. Allez aux études bibliques et aux réunions de prière. Appliquez le troisième principe que nous avons énoncé : bien qu'il y ait des dons, nous sommes tous exhortés à faire certaines choses. Puisque vous êtes sauvé, vous avez un message à donner aux non-sauvés. Peu importe depuis combien de temps vous êtes chrétien, si vous avez progressé normalement, vous pouvez aider et enseigner ceux qui le sont depuis moins longtemps que vous. Si vous allez régulièrement aux réunions de votre Église, vous entendrez parler de besoins. Faites ce que vous pouvez pour y répondre. Si vous vivez dans un contact constant avec le Seigneur, et si vous restez actif dans votre Église, vous allez bientôt découvrir quel est, ou quels sont vos dons spirituels. Ce sera souvent les autres qui le découvriront premièrement en vous. C'est en tout cas eux qui confirmeront si vous avez vraiment celui ou ceux que vous pensez avoir.

Mais alors que vous vous nourrissez de la Parole de Dieu, et que vous laissez votre pensée être formée par elle, vous allez découvrir un autre principe de la vie chrétienne active, un principe qui est également important dans la question des dons spirituels. Le Seigneur en parle dans Jean 15. C'est le principe de l'« émondage ».

Au verset 5, il dit que si nous laissons sa vie couler librement en nous, nous porterons beaucoup de fruit. Mais au verset 2, il a dit, en parlant de l'œuvre de son Père en nous : « ... tout sarment qui porte du fruit, il l'émonde afin qu'il porte encore plus de fruit ». Tout le monde n'a pas des arbres fruitiers, et encore moins des vignes : je vais donc utiliser le jardin comme illustration. Certaines variétés de tomates, et certaines autres plantes, telles que les cucurbitacées (melons, potirons, etc.) grandissent indéfiniment et continuent à produire des branches, et des branches sur ces branches, produisant toutes de plus en plus de fruits. Mais plus il y a de fruits sur une plante, plus petits seront les fruits, et donc moindre leur qualité. Pour pallier à ce problème, un bon jardinier, un peu comme un vigneron, émonde ses plantes. Il pince les nouvelles branches qui commencent à pousser sur les plus anciennes, pour faire aller toute la sève, et donc toute la force, dans les fruits déjà existant, qui deviennent alors plus gros et de meilleure qualité. Cette opération est particulièrement nécessaire dans des régions où la saison de croissance est limitée par la venue hâtive de la gelée, qui détruit tout ce qui reste au jardin.

Alors que nous nous activons pour le Seigneur, nous pouvons avoir la surprise de le voir nous couper une avenue de service qui nous semblait prometteuse. Ou nous pouvons nous rendre compte nous-mêmes, sous la direction du Seigneur, que nous ne devrions pas continuer dans une certaine activité. C'est comme cela que Dieu nous émonde. Parfois nous envoyons notre sève dans trop de branches secondaires, et cela réduit la quantité ou la qualité de notre fruit. C'est un danger très réel pour ceux qui ont eu la chance de pouvoir développer beaucoup d'aptitudes naturelles. Ce que nous prenons pour une branche fruitière peut n'être que du bois mort. N'oublions pas l'image que Paul nous donne de l'œuvre du Seigneur dans 1 Corinthiens 3 : l'édifice. Il est possible de construire pour le Seigneur avec de mauvais matériaux. Ainsi, tout ministère public exercé par orgueil, ne construit en fait qu'avec « du bois, du foin, du chaume » qui ne résisteront pas à la rigueur du jugement. Dieu répète souvent dans l'Écriture qu'il ne partage pas sa gloire (És 42.8 ; 48.11). La Parole de Dieu nous dit que le salut est par grâce « afin que personne ne se glorifie » (Ép 2.8). Elle nous dit aussi que c'est en fait Dieu qui travaille par nous (És 26.12 ; Ph 2.13). Le Seigneur peut donc nous conduire à exercer un don spirituel, pour un temps ou pour toujours, au travers d'un don naturel moins brillant mais plus spirituellement fructueux.

Nous devons laisser le Seigneur émonder notre développement, et parfois l'émonder nous-mêmes sous sa direction. Notre vie active, tout comme une vigne, aura constamment besoin d'émondage. Soyez assuré que si le diable n'a pas réussi à vous garder hors du service du Seigneur – dans lequel devraient être tous les chrétiens, quel que soit leur métier ou leur profession –, et s'il n'a pas réussi à vous faire prendre vos dons naturels pour des dons spirituels, il fera tout ce qu'il peut pour vous empêcher de reconnaître celles de vos aptitudes naturelles qui peuvent le mieux servir vos dons spirituels.

Juste avant le verset avec lequel nous avons commencé notre étude (1 Co 12.7), l'Écriture dit : « Il y a diversité de dons, mais le même Esprit ; diversité de ministères, mais le même Seigneur ; diversité d'opérations, mais le même Dieu qui opère tout en tous » (1 Co 12.4-6). Comme je l'ai déjà dit, je ne suis pas un spécialiste du grec, mais je crois que j'ai raison de croire que ces mots veulent dire que : 1) c'est le Saint-Esprit qui nous octroie nos dons spirituels pour que nous puissions servir ; et que : 2) c'est le Seigneur Jésus-Christ qui, en tant que Chef de l'Église, nous dirige vers un service ou un ministère particulier. C'est là que nous utilisons nos dons spirituels au travers de celles de nos aptitudes naturelles qui sont appropriées à la tâche. Au travers de tout cela, 3) c'est Dieu le Père – qui nous a en plus souverainement donné et permis de développer les aptitudes naturelles nécessaires – qui accomplit ce qu'il veut accomplir.

12

Un appel pressant...
« par les compassions de Dieu »

Alors ? Maintenant que nous sommes au terme de cette étude sur les dons, si c'était vous qui deviez répondre à la dame de notre introduction qui avait appelé l'animateur de l'émission évangélique : quelles raisons lui donneriez-vous pour se joindre à une Église évangélique ? Quelle est votre conception de l'Église locale ? À quoi la compareriez-vous ?

À un restaurant, où vous allez lorsque l'envie vous saisit de prendre un repas spirituel ? Vous ne devez rien à un restaurant. Vous y allez lorsque vous désirez manger la variété particulière de cuisine qu'on y sert : française, italienne, chinoise, etc. Personne ne peut vous forcer de manger dans un restaurant particulier si vous n'en avez pas envie. Vous pouvez choisir votre restaurant, y aller quand vous en avez envie, et le fréquenter aussi longtemps que vous en avez envie. Vous vous attendez à ce que ce soit les propriétaires qui soient reconnaissants de votre présence. C'est là la relation que bien des chrétiens ont avec les Églises locales.

Ou est-ce que votre Église est votre club ? Dans le temps, vous alliez danser, boire, ou faire autre chose avec vos amis non chrétiens. Vous les avez perdus lorsque vous êtes devenu chrétien. Il vous faut donc les remplacer. Le frère et la

145

sœur Dupont passent la soirée chez vous une fois par se-
maine. Vous passez la soirée chez le frère et la sœur Durand
un autre jour. Vous avez les réunions et les autres activités
de votre Église pour remplir les autres soirs. Certains chrétiens ont besoin de beaucoup d'amis. Comme ils ne peuvent
plus les trouver dans le monde, c'est surtout cela qu'ils recherchent dans leur Église.

Pour d'autres, l'Église devrait être un hôpital qui dispense des soins psychologiques et spirituels, et de l'affection à tous ceux qui en ont besoin. Pour d'autres encore elle
devrait être une institution charitable qui prend soin des
nécessiteux. Ainsi, beaucoup de chrétiens considèrent leur
Église comme un pourvoyeur de services d'une sorte ou
l'autre.

On trouve plusieurs images de l'Église dans le Nouveau
Testament, mais il semble que celle dont les chrétiens se
rappellent le mieux est celle du troupeau conduit par un berger humain (un pasteur) ou des bergers (des anciens), qui
travaillent sous les ordres du Souverain Berger. Malheureusement, le fait de ne retenir que cette seule illustration semble justifier les idées fausses de l'Église dont nous venons
de parler. Après tout, que font des brebis si ce n'est manger
toute l'herbe verte qu'elles peuvent, se reposer autant qu'elles peuvent, et engraisser autant qu'elles peuvent, sous la
garde de leur vigilant berger ? Dans notre appendice sur *Les
dons et le ministère*, nous montrons comment cette idée limitée de l'Église fausse la compréhension du ministère dans
l'Église ; mais elle fausse également la compréhension du
rôle de chaque chrétien dans l'Église.

Les autres images de l'Église qu'on trouve dans le Nouveau Testament donnent un rôle plus actif aux chrétiens que
celui de simplement recevoir les bons soins d'un berger.
Comme nous l'avons vu en parlant de l'émondage, l'Église

146

de Christ est également comparée à une vigne dont Christ est le cep et nous les sarments. Notre fonction y est de produire quelque chose : du fruit.

Tous les membres de l'Église forment également « un sacerdoce royal » (1 Pi 2.9). Ils sont des prêtres qui rendent un service sous la direction de Christ, leur Souverain Prêtre. Leur service le plus important est le sacrifice de leur propre corps dans leur vie quotidienne – non pas pour obtenir les compassions de Dieu, mais parce qu'ils les ont reçues (Ro 12.1).

Le Nouveau Testament compare aussi l'Église à un Corps dont Christ est la tête. Cette image est au centre de toute notre étude sur les dons.

Mais on peut trouver une autre image de l'Église dans le Nouveau Testament en général, et dans les épîtres en particulier. Elle n'est jamais exprimée sous forme d'une image précise, mais elle est clairement suggérée par beaucoup d'affirmations de Paul et des autres (2 Co 10.4 ; Ép 6.10-17 ; 1 Ti 1.18 ; 2 Ti 2.3,4 ; etc.). Les Églises locales pourraient être comparées à des camps militaires qui opèrent sur un territoire occupé par l'ennemi. Puisque les soldats sont des habitants de ce territoire, on pourrait également comparer les Églises à des groupes de partisans qui s'efforcent de recruter pour le combat autant de leurs compatriotes que possible, en attendant le retour du Roi légitime, qui revient bientôt.

Lorsque d'autres se joignent à eux, c'est en tant que combattants qu'ils le font. Ils ne servent pas à grand chose s'ils errent de campement en campement au gré de leur fantaisie, car dans ce cas on ne peut pas compter sur eux. Bien sûr, ils vont trouver de la fraternité et de l'affection. Mais ce sera la fraternité et l'affection qui unissent ceux qui partagent un même idéal, un même combat et un même but final.

Ce ne sera pas la fraternité et l'affection que recherchent ceux qui l'attendent désespérément des autres et qui ne jouent à l'Église que dans le but de l'obtenir.

Les nouveaux arrivés trouveront également la guérison psychologique et spirituelle dans l'Église, mais ce n'est pas l'Église qui la leur fournira. Les plus vieux membres les conduiront par la main, ou sur une civière si c'est nécessaire, à Celui qui seul peut les guérir, et leur montreront comment obtenir la guérison qu'il offre. L'Église est un peu dans la situation d'Ambroise Paré, le fameux chirurgien du 16e siècle qui aurait dit en parlant d'un blessé de guerre qu'il avait soigné : « Je le pansai, Dieu le guérit ! » C'est tout ce que l'Église peut faire. Penser autrement, c'est laisser l'armée spirituelle s'embourber dans des choses secondaires, et incapable de poursuivre un véritable combat. Il est vrai que certaines blessures ont besoin qu'on refasse leurs pansements plus longtemps que d'autres ; mais le but doit toujours être de remettre les blessés sur pieds pour qu'ils puissent se joindre au bon combat.

Beaucoup trop de ceux qui se joignent aux Églises désirent tellement garder l'attention qu'ils reçoivent lorsqu'on panse leurs blessures, qu'ils ne se saisissent jamais de la guérison afin de pouvoir continuer à recevoir cette attention. Je connais des chrétiens de 10, 20, 30 et même 40 ou 50 ans qui ne font encore à peu près rien dans le camp, si ce n'est attendre de l'amour et des soins – tout en en donnant très peu eux-mêmes. Il y a longtemps qu'ils devraient avoir appris à recevoir les soins et l'amour que le Seigneur lui-même dispense, et à aider les autres à se les approprier aussi. Il y a longtemps qu'ils devraient avoir rejoint ceux qui combattent et qui dispensent les soins, pour permettre à l'Église d'aller de l'avant. Au lieu de cela, ils demeurent des fardeaux qui sapent l'énergie de l'Église. Il est vrai que tout camp militaire a une infirmerie pour prendre soin de ses blessés ; mais un camp militaire qui n'est composé que de blessés et de personnel qui leur dispense des soins, est une unité non combattante. Elle ne peut pas gagner de batailles.

Le Seigneur n'a pas simplement dit : « celui qui boira de l'eau que je lui donnerai n'aura jamais soif » (Jn 4.14), même si cela seul contenterait beaucoup de chrétiens. Il a aussi dit : « ... et l'eau que je lui donnerai deviendra en lui une source d'eau qui jaillira jusque dans la vie éternelle » (le même verset), et « celui qui croit en moi, des fleuves d'eau vive couleront de son sein » (7.38). Les chrétiens ne doivent pas se joindre à une Église pour recevoir l'eau vive. Chacun d'eux en est déjà une source. Ils en ont déjà plus qu'ils n'en ont besoin. Ce qu'ils doivent faire, c'est laisser couler d'eux cette eau dont le Seigneur renouvelle sans cesse l'approvisionnement. Ils doivent se joindre à une Église pour ajouter le flot qui coule de leur sein à celui déjà combiné des autres chrétiens, afin de former un torrent puissant. Lorsque les chrétiens travaillent ensemble, leur flot combiné peut abreuver tous ceux qui en ont besoin, jusqu'à ce qu'ils deviennent eux-mêmes chrétiens, et deviennent eux-mêmes des sources d'eau vive. Dans l'Église, nous unissons nos surplus et nous les utilisons pour l'avancement du Royaume. Malheureusement certaines Églises sont comme des pique-niques auxquels chacun est venu en comptant sur les autres pour apporter les provisions. Il n'y a pas de surplus, mais pénurie.

Et bien sûr, l'Église doit aider les nécessiteux selon ses moyens et selon la direction du Seigneur. Elle doit cependant le faire en se rappelant que les choses de ce monde sont de moindre importance. Il est triste de penser que les noms de certains des plus connus, et des plus estimés des bienfaiteurs « chrétiens » seront maudits en enfer pendant toute l'Éternité par ceux à qui ils auront donné du pain pour le corps, et non *le* Pain dont leur âme avait besoin et qui leur aurait donné la vie éternelle.

Le temps presse. Ce n'est plus le moment d'être dans la confusion sur le sujet du fonctionnement de l'Église, le Corps de Christ. C'est la gloire de Dieu qui est en jeu. Nous avons déjà vu dans l'épître aux Éphésiens que tout ce qui a trait à notre salut et à notre rédemption a été établi par Dieu de façon à ce qu'il en reçoive toute la gloire. Mais il nous est dit également dans la même épître (3.10) que Dieu a conçu l'Église de telle façon qu'elle fasse connaître sa sagesse infiniment variée aux dominations et aux autorités dans les lieux célestes.

Comment pouvons-nous manifester la sagesse infiniment variée de Dieu par l'Église ? En utilisant tous les moyens qui sont à notre disposition pour répandre ce que nous croyons être la vérité ? Bien sûr ! Mais n'importe quel groupe qui croit fortement en quelque chose – bon ou mauvais – fait la même chose. Devrions-nous tordre le bras à nos politiciens, comme c'est possible de le faire dans certains pays, pour qu'ils imposent notre vérité à la nation ? C'est ce que font tous les groupes de pression – bons ou mauvais. Devrions-nous assassiner ceux qui commettent des actes qui, d'après nous, méritent la mort selon la loi de Dieu – comme certains l'ont fait aux États-Unis dans la lutte contre l'avortement ? C'est ce que font les fondamentalistes de tout acabit. C'est cette façon de penser qui a conduit aux Croisades et à l'infâme Inquisition, et qui conduit au djihad, la guerre sainte des musulmans. C'est aussi elle qui a conduit à l'assassinat du premier ministre d'Israël, Yitzhak Rabin, mais ce n'est pas la voie de Christ.

J'ai dit plus tôt que l'Église est un camp militaire opérant en territoire *occupé par l'ennemi*. Je n'ai pas dit :

en *territoire ennemi*. Les habitants du territoire sur lequel nous opérons ne sont pas nos ennemis. L'ennemi, c'est l'occupant : Satan et ses cohortes de démons. « Car nous n'avons pas à lutter contre la chair et le sang, mais contre les dominations, contre les autorités, contre les princes de ce monde de ténèbres, contre les esprits méchants dans les lieux célestes » (Ép 6.12). C'est contre eux que nous devons combattre, pas contre leurs victimes, nos frères humains – même s'ils sont des victimes qui s'ignorent. Notre but est de lutter contre Satan et ses cohortes démoniaques, et de libérer leurs victimes en faisant connaître la sagesse infiniment variée de Dieu, qui inclut le salut et tout ce qu'il fait dans la vie de ceux qui lui appartiennent.

Nous trouvons également dans l'épître aux Éphésiens une description de la façon dont l'Église fait connaître la sagesse infiniment variée de Dieu. Lorsque l'Église fonctionne comme elle le doit, ceux qui ont les dons conducteurs travaillent à perfectionner les croyants, afin que tous ensemble nous utilisions nos dons pour « l'édification du Corps de Christ, jusqu'à ce que nous soyons tous parvenus à l'unité de la foi et de la connaissance du Fils de Dieu ». Le but est que nous devenions mûrs dans notre foi en « professant la vérité dans l'amour », et que le Corps de Christ « s'édifie lui-même dans l'amour » (4.11-16).

En d'autres mots, ceux qui, à cause de leurs dons, agissent comme évangélistes et comme pasteurs-docteurs (anciens) conduisent tous les autres chrétiens dans l'adoration de Dieu, dans l'amour mutuel, et dans le développement de leurs dons spirituels personnels. Tous ensemble, alors, ils témoignent avec amour à la communauté qui les entoure, et ils édifient également l'Église dans l'amour. C'est là ce qui glorifie Dieu et qui fait connaître à tous sa sagesse infiniment variée. C'était le témoignage de l'Église primitive, et c'est encore aujourd'hui le plus grand témoignage que l'Église puisse donner à la gloire de Dieu. C'est ce témoignage qui a permis à l'Église primitive d'atteindre le monde entier connu de son temps.

Bien sûr, c'était facile alors pour l'Église de dire : « les armes avec lesquelles nous combattons ne sont pas charnelles ; mais elles sont puissantes par la vertu de Dieu » (2 Co 10.4). L'Église n'avait pas de puissance terrestre. Il lui était facile de dire : « nous n'avons pas à lutter contre la chair et le sang » (Ép 6.12). Elle n'aurait pas été en mesure de mener une telle lutte. Mais un peu plus tard, l'Église chrétienne est devenue l'Église « officielle ». Dès ce moment, elle a eu des armes et une puissance temporelles à sa disposition, et elle les a utilisées de plus en plus. Dès ce moment, au lieu de gagner les âmes à Christ en vivant dans l'amour, en montrant de l'amour et en annonçant la vérité dans l'amour, tout en laissant l'Esprit de Dieu faire son œuvre, elle a utilisé les « armes charnelles » pour imposer le christianisme « à la chair et au sang ». Comme le dit bien un proverbe anglais : « Le pouvoir corrompt ; le pouvoir total corrompt totalement ! » C'est bien là l'effet que le pouvoir a eu sur l'Église, qui est devenue de plus en plus une puissance terrestre, païenne de pratique, et chrétienne de profession seulement.

La Réforme a apporté un renouvellement dans l'Église. Cependant, parce que la plupart des habitants de nos pays dits chrétiens, appartenaient à une Église chrétienne ou l'autre, le christianisme officiel a pu continuer jusqu'à très récemment à imposer les principes dits chrétiens à toute la société, en matière de mariage, d'avortement, de déviations sexuelles, etc. Aujourd'hui, l'Église a perdu presque toute sa puissance temporelle. Nous vivons dans ce que certains appellent l'ère post-chrétienne. Mais en fait, nous nous

retrouvons dans la situation qui prévalait au début de l'Église
– excepté qu'il y a des foules de chrétiens de nom seulement qui restent de l'époque de puissance temporelle de
l'Église. Le problème, est que certains chrétiens sont tellement habitués à la situation qui prévalait du temps du pouvoir temporel de l'Église, qu'ils ne peuvent pas accepter la
simplicité de la façon dont l'Église faisait les choses à l'époque du Nouveau Testament. Ils ne peuvent se résoudre à
simplement faire connaître la sagesse infiniment variée de
Dieu, par leurs actes et par leurs paroles, en laissant au Saint-
Esprit le soin de convaincre les âmes. Ils veulent imposer ce
qu'ils croient, par la force si nécessaire. Ils utilisent toutes
les méthodes du monde – allant même jusqu'au meurtre,
comme nous l'avons déjà dit – pour imposer la façon prétendue chrétienne de vivre.

Marilyn Ferguson, une des grandes prêtresses du mouvement du Nouvel Âge a écrit :

> « L'enquête auprès des Conspirateurs du Verseau
> *[c.-à-d. les adeptes actifs du mouvement]* deman-
> dait de choisir quatre des moyens de changement
> social les plus importants parmi une liste de quinze.
> La réponse la plus souvent cochée fut "l'exemple
> personnel".

> « Il y a plus d'une décennie, Erich Fromm aver-
> tissait qu'aucune grande idée radicale ne peut sur-
> vivre, à moins d'être incarnée dans des individus
> dont la vie est le message.

> « Le soi en transformation est le moyen ; la vie
> en transformation est le message.[1] »

Il est évident que certains adeptes du mouvement du
Nouvel Âge ont compris ce que les chrétiens du début

---

1. Marilyn Ferguson, *Les Enfants du Verseau*, Calmann-Lévy, Paris
1981, p. 92.

savaient, mais que beaucoup de ceux d'aujourd'hui semblent avoir oublié.

La question que nous devons nous poser est celle-ci : sommes-nous prêts à jouer notre rôle dans l'Église telle que Dieu veut qu'elle soit encore aujourd'hui ? C'est une Église qui lui est soumise, le Corps de Christ au sein duquel tous les membres s'aiment et utilisent pleinement leurs dons spirituels dans l'amour ? Une telle Église s'édifie dans l'amour et professe la vérité dans l'amour – quoi que le monde puisse faire. Comme nous l'avons déjà dit, Dieu ne nous demande pas de faire cela en s'appuyant sur son droit inhérent de l'exiger, mais sur les compassions qu'il a eues pour nous (Ro 12.1). L'Écriture dit aussi : « Dieu prouve son amour envers nous, en ce que, lorsque nous étions encore des pécheurs Christ est mort pour nous » (Ro 5.8). « Voyez quel amour le Père nous a témoigné, pour que nous soyons appelés enfants de Dieu ! Et nous le sommes » (1 Jn 3.1). « Et cet amour consiste, non point en ce que nous avons aimé Dieu, mais en ce qu'il nous a aimés et a envoyé son Fils comme victime expiatoire pour nos péchés » (1 Jn 4.10).

Puissions-nous être conduits par l'amour pour Dieu et pour notre prochain – chrétien ou non ! Puissions-nous être des sources d'eau vive, plutôt que des citernes vides, et constamment assoiffées de l'eau qui coule des autres ! Puissions-nous donner, au lieu de constamment demander ! Puissions-nous être gardés de prendre nos talents naturels pour des dons spirituels ! Puissions-nous découvrir nos véritables dons spirituels et les exercer dans l'amour sous la direction du Saint-Esprit ! Enfin, puissions-nous être reçus au ciel par le Seigneur qui nous dit : « C'est bien, bon et fidèle serviteur ; [...] entre dans la joie de ton maître » (Mt 25.23).

« Or, à celui qui peut faire, par la puissance qui agit en nous, infiniment au-delà de tout ce que nous demandons ou pensons, à lui soit la gloire dans l'Église et en Jésus-Christ, dans toutes les générations, aux siècles des siècles ! Amen ! » (Ép 3.20).

Quelle était la nature des « langues » ?

Quelle était la nature des langues que parlaient ceux qui avaient le don de parler en langues ? S'agissait-il de langues compréhensibles – pour ceux qui les connaissaient, bien entendu –, ou de sons incompréhensibles aux humains, comme le prétendent certains ? Examinons les différents passages bibliques où il est question de parler en langues. Il y en a cinq.

Marc 16.17c

C'est le premier passage du Nouveau Testament où il est question de parler en langues : « [...] ils parleront de nouvelles langues ».

Nous ne nous attarderons pas sur la question de l'authenticité des versets 9-20 du chapitre 16 de Marc. Elle est parfois soulevée à cause du fait qu'ils ne se trouvent pas dans certains des manuscrits grecs de l'Évangile selon Marc. Nous n'avons pas besoin d'examiner cette question.

Une chose cependant est importante : la façon dont nous lisons le texte. Une des règles d'interprétation biblique, est qu'il faut toujours donner aux mots leur sens normal et habituel, à moins que le contexte ou les passages connexes n'indiquent qu'il devrait en être autrement.

Si vous lisiez pour la première fois ce texte de la Bible, et que vous n'ayez jamais entendu parler de gens qui prononcent des sons incompréhensibles qu'ils appellent des « langues », comment comprendriez-vous l'expression « nouvelles langues » ? Je doute que vous y verriez autre chose que des langues humaines existantes qui seront nouvelles pour ceux qui les parleront.

À cause du contexte, il est aussi très possible que vous déduisiez qu'il y aura quelque chose de miraculeux dans la façon dont ils parleront ces nouvelles langues.

Actes 2

L'endroit suivant du Nouveau Testament ou vous rencontreriez le parler en langues, est Actes 2, le récit bien connu des événements de la Pentecôte. Si vous lisez tout le chapitre, en particulier les versets 4 à 11, vous n'aurez certainement aucune difficulté à décider de quelles sortes de langues il s'agit. Le texte affirme clairement qu'il s'agit de celles que parlaient les Juifs étrangers qui étaient venus à Jérusalem pour adorer.

Actes 10.44-47 ; 11.15-18

C'est le prochain endroit où il est question de parler en langues. Pierre présente l'Évangile dans la maison de Corneille, un centenier romain, qui accepte Christ, en même temps que des parents et des amis intimes. Avant même que Pierre ait fini de prêcher, ses auditeurs se mettent à parler en langues – ce qui indique qu'ils ont compris et accepté le message. Le texte ne spécifie pas la nature des langues qu'ils parlent, mais vous supposeriez tout logiquement qu'il doit s'agir des mêmes que dans Actes 2, puisque rien ne donne d'indices du contraire.

De plus, pensez aux circonstances. Depuis la Pentecôte d'Actes 2, tous les chrétiens étaient d'origine juive – à part de quelques Samaritains. Ces chrétiens se considéraient comme des membres du peuple élu de Dieu qui avaient reconnu leur Messie. Ils avaient probablement accepté facilement les Samaritains parce que Jésus lui-même l'avait fait lorsqu'il était encore avec ses disciples. Mais le Messie était venu pour tous les hommes – nous n'avons aucune difficulté à le comprendre en lisant les paroles de Jésus. Pourtant, pour que Pierre accepte d'aller présenter l'Évangile dans le foyer d'un Gentil, il a fallu que Dieu lui force la main en lui donnant une vision frappante. (Il vaudrait la peine que vous lisiez toute l'histoire dans Actes 10.1 - 11.10.) C'est évidemment pour la même raison que le Saint-Esprit a manifesté sa présence visiblement aussitôt que la conversion s'est produite. La réaction de Pierre dans 10.47, de même que sa défense devant les autres apôtres, qui n'étaient pas présents à l'événement (11.11-15), indiquent clairement que si Dieu n'avait pas fait ça, Pierre n'aurait probablement pas baptisé les Gentils. De plus, étant donné cette attitude de la part des apôtres, il est évident qu'il fallait que les langues parlées par ces nouveaux convertis soient de la même nature que celles de la Pentecôte. Autrement, les apôtres auraient soupçonné une contrefaçon.

Il est intéressant de noter ici que lorsque Pierre relate l'événement aux autres apôtres, il ne dit pas « le Saint-Esprit descendit sur eux, comme *il le fait sur les Juifs* », mais : « ... comme *sur nous au commencement* » (11.15). Cette allusion évidente à la Pentecôte d'Actes 2 (qui a eu lieu au moins 8 ans auparavant) indique indirectement qu'il n'avait apparemment pas revu ce phénomène depuis lors, et que ce n'était donc pas une chose qui se produisait régulièrement.

Actes 19.1-7

Paul rencontre par accident des disciples de Jean-Baptiste. Rien n'explique comment il pouvait y avoir des disciples de Jean si loin de la Palestine. Quoi qu'il en soit, ils avaient accepté son enseignement, et avaient reçu le baptême de la repentance qui les préparait à l'attente du Messie. Paul complète leur instruction, et ils reçoivent le baptême chrétien. Paul leur impose alors les mains pour indiquer qu'il s'identifie à eux et les reconnait comme faisant partie de l'Église chrétienne ; et le Saint-Esprit les fait parler en langues pour indiquer que Dieu reconnait également cette identification. Tout comme lors de l'événement précédent, non seulement il n'y a pas de raisons pour voir là une autre sorte de langues, mais il fallait que les langues soient de même nature pour ne pas que Paul soupçonne une contrefaçon.

1 Corinthiens 12 - 14

En continuant votre lecture, c'est là que vous rencontreriez la prochaine mention du parler en langues. En lisant les versets 10 et 28 du chapitre 12, vous n'auriez aucune raison de voir là autre chose que ce que nous avons déjà décrit.

Cependant, certains déduisent des versets 2 et 14 du chapitre 14 que les langues dont il est question sont différentes – cela, très probablement pour faire accorder le texte avec leur expérience personnelle. Ils disent qu'il s'agit là d'un langage extatique – des mots incompréhensibles prononcés dans un état d'extase sous la puissance du Saint-Esprit, et que seul Dieu comprend. Nous lisons là : « En effet, celui qui parle en langue ne parle pas aux hommes, mais à Dieu, car personne ne le comprend, et c'est en esprit qu'il dit des mystères » (v. 2) ; et : « Car si je prie en langue, mon esprit est en prière, mais mon intelligence demeure stérile » (v. 14).

Cependant, si vous n'aviez jamais entendu dire qu'il existait une espèce de charabia que certains chrétiens appellent « parler en langue », et que vous n'aviez lu que les passages bibliques que nous avons examinés jusqu'à présent, vous n'auriez pas grande difficulté à appliquer ces deux versets à une langue véritable. En effet, si la personne qui la parle miraculeusement ne la comprend pas elle-même, son « intelligence demeure stérile » (v. 14) ; et si personne d'autre qui est présent ne la comprend (c'est d'ailleurs l'élément principal de la critique de Paul), elle « ne parle pas aux hommes, mais à Dieu » (v. 2). D'ailleurs, faites l'expérience de lire tout le chapitre 14 de 1 Corinthiens en remplaçant respectivement les mots *langue* et *langues* par *langue étrangère* et *langues étrangères*. Vous verrez que le texte est tout à fait sensé.

Je veux citer ici J. Gloaguen, un écrivain charismatique. Après avoir examiné la signification des différents termes grecs, il dit que parler en langue

> « consiste à parler dans des langues nouvelles, autres pour celui qui s'exprime, et dont la diversité peut aller des langues des hommes aux langues des anges [... *Pour ce qui est de*] la thèse selon laquelle le parler en langues serait formé de sons incompréhensibles obtenus en remuant la langue [...] certaines des autres expressions utilisées par l'Écriture nous empêchent d'accepter cette première opinion.

[...] Ainsi le don des langues est bien la manifestation surnaturelle d'une langue véritable.[1] »

Je cite cet auteur pour deux raisons : premièrement, il appartient au milieu charismatique, et conclut que parler en langues c'est parler de véritables langues ; et, deuxièmement, il fait allusion à un autre passage de 1 Corinthiens pour expliquer ce qui semble n'être que du charabia : « Quand je parlerais les langues des hommes et *des anges*... » (13.1).

Comme je l'ai déjà dit, il nous faut en lisant la Bible donner aux mots leur sens habituel, à moins que le contexte ou les passages connexes n'indiquent qu'il faut faire autrement. Pour ce qui est du contexte, il est bien évident que Paul commence le chapitre 13 par une série d'hyperboles[2] pour montrer que l'amour est encore plus grand que toutes les choses qu'il décrit. Il parle de prophétiser et de connaître tous les mystères et tout ce qu'il y a à connaître (v. 2) – une chose qui n'est possible qu'à Dieu. Il parle d'une foi qui transporte les montagnes (v. 2) – une chose théoriquement possible à la foi (Mt 17.20), mais que personne n'a jamais faite jusqu'à présent. Il parle de donner *tous* ses biens pour la nourriture des pauvres, et de se livrer soi-même au bûcher (v. 3) – deux choses qui nous sembleraient à nous être les plus grandes démonstrations possibles d'amour envers notre prochain et envers Dieu. Et, de la même façon, il parle de toutes les combinaisons intelligentes de sons que pourraient faire toutes les créatures intelligentes qui existent (ce qui n'inclut que les hommes et les anges). Il est évident que,

---

1. J. GLOAGUEN, *Charismes – Les charismes dans l'Église*, Éditions Foi et Victoire, 1988, p. 90,91.
2. *Petit Larousse*, 1995 : « **hyperbole** – (Rhétorique) Procédé qui consiste à exagérer l'expression pour produire une forte impression (ex. : *un géant* pour *un homme de haute taille*). » Autre exemple biblique : « villes grandes et fortifiées *jusqu'au ciel* » (De 9.1).

pour fin de comparaison, Paul exprime dans ce passage les plus grandes possibilités, et non pas des réalités.

Pour ce qui est des passages connexes : que nous dit le reste de la Bible sur les anges ? Tout d'abord : ce sont des esprits (Hé 1.14). Pourquoi donc auraient-ils besoin d'un langage physique pour communiquer entre eux et avec Dieu ? Deuxièmement : chaque fois qu'ils prennent une forme visible pour apparaître à quelqu'un dans la Bible, ils parlent la langue de la personne à qui ils apparaissent. Donc, lorsqu'ils s'adressent à nous, ils utilisent notre langue. Et troisièmement : pour ce qui est de « langues (au pluriel) des anges », la seule et unique raison pour laquelle nous, les humains, parlons plus d'une langue est ce qui s'est produit à la tour de Babel. Dieu nous a imposé ce phénomène pour nous forcer à nous disperser. Devrions-nous déduire que les anges ont également eu leur Babel ? Bien sûr que non ! Il est évident que 1 Corinthiens 13.1 n'affirme rien sur la nature des langues dans l'expression « parler en langues »[3].

Il faut reconnaître, cependant, que Paul ne reproche pas aux Corinthiens de parler des langues de contrefaçon. Il leur reproche seulement d'être trop intéressés par ce don, de trop l'utiliser (14.27), et de le faire au mauvais moment (14.18,19).

---

3. Le fait qu'il soit question de « parler en langues (au pluriel) » dans le passage de Marc 16 et dans ceux des Actes peut être attribué au fait qu'il y est question de plusieurs personnes qui parlent probablement chacune dans *une* autre langue. Cependant, lorsqu'il est question du don dans le chapitre 12 de 1 Corinthiens, il est question d'une même personne qui parle « diverses » langues (v.10), et en « langues (au pluriel) » (v.31). Et dans le chapitre 14, Paul parle de « celui (au singulier) qui parle en langues (au pluriel) » (v.5), et il dit qu'il parle lui-même « en langues (pluriel – malgré le singulier dans Second et ses révisions) » (v.18). La capacité miraculeuse reçue de l'Esprit est celle de parler diverses langues, et non pas de parler une autre langue. Ceux qui se disent glossolales ne font généralement pas cette distinction.

Puisqu'il dit que la personne qui parle en langue ou en langues n'est pas comprise des hommes, y compris les visiteurs (14.2,16,23), il semble évident que parler en langues n'était pas une soudaine capacité miraculeuse de parler la langue d'un visiteur étranger pour qu'il comprenne ce qui est dit, ou pour que cela lui serve de signe – comme au jour de la Pentecôte. Si c'était le cas, le Saint-Esprit aurait eu le contrôle absolu du phénomène, qui n'aurait pas pu être mal utilisé. Ceux qui avaient le don miraculeux de parler d'autres langues l'avaient reçu du Saint-Esprit (12.11) ; mais il semble bien que lorsqu'ils l'avaient, son utilisation était sous leur contrôle (14.27,28) – comme c'était le cas pour l'esprit des prophètes (14.32).

Il est pourtant possible que Paul fasse allusion à quelque chose dans tout ce passage, mais qu'il agisse dans son argumentation de la même façon que le fait Jésus dans Matthieu 7.21-23. Là, notre Seigneur parle de gens qui prétendront un jour avoir prophétisé, chassé des démons et fait des miracles en son nom. Il est évident que ce n'est pas lui qui aura été à l'œuvre en eux, puisqu'ils ne lui appartiennent pas. Pourtant, il ne prend pas la peine de le faire remarquer, car cet aspect est de peu d'importance, relativement à son affirmation centrale, qui est : « Je ne vous ai jamais connus, retirez-vous de moi, vous qui commettez l'iniquité. » Il est bien possible que Paul fait la même chose. Le parler en langue n'était pas un phénomène rare en ce temps-là. Il était commun à beaucoup de religions à mystères. Ainsi un des temples de Corinthe était dédié au dieu Apollon. Une particularité du culte d'Apollon était la Pythie, une prophétesse, qui se trouvait dans son temple principal à Delphes – une autre ville de Grèce, avec laquelle les Corinthiens étaient très liés. La Pythie entrait en transes et, sous l'influence du *pneuma* (c'est le même terme que le Nouveau Testament utilise pour "esprit" et pour "l'Esprit"), elle proférait des paroles incohérentes et des cris, recueillis et interprétés par les prêtres comme la réponse d'Apollon[4]. C'est ce même esprit qui censément habitait la servante dont il est question dans Actes 16.16ss – « un esprit de Python ».

Est-il possible que les Corinthiens – charnels comme ils l'étaient dans leur poursuite des dons spectaculaires –, aient laissé ce genre de manifestations entrer dans l'Église ? Toute l'épître n'est-elle pas en effet un reproche aux Corinthiens de ce que eux, qui avaient été appelés hors du monde, laissaient maintenant le monde entrer dans l'Église. De plus, certains d'entre eux semblaient fréquenter les temples d'idoles malgré leur connversion (8.10) et ne semblaient pas avoir entièrement rejeté l'idolâtrie (10.14-22). D'ailleurs, il n'était pas nécessaire que dans l'Église ces manifestations aient été de nature démoniaque. Comme l'ont démontré des études, le faux parler en langues est souvent simplement un phénomène psychologique[5]. Mais l'exemple de ce qui se passait dans les temples païens peut avoir influencé certains chrétiens charnels, qui attribuaient alors le langage incompréhensible entendu dans l'Église aux anges, plutôt qu'aux démons, comme ils l'auraient automatiquement fait pour celui qu'on entendait dans les temples païens. Et Paul, plutôt que d'ouvrir toute une discussion sur la nature des langues, commence par avertir les Corinthiens de se méfier des mauvais esprits (12.1-3) ; puis les ramène à la juste appréciation de la valeur du don des langues – même lorsqu'il est véritable. Il le met en dernier sur la liste ordonnée de

4. George Rougemont, « Les mystères de Delphes », *L'HISTOIRE*, N° 185, Février 1995.

5. Plusieurs auteurs cités dans Donald W. Burdick, *Le Parler en Langues : utile ou inutile*, Montréal : Association d'Églises Baptistes Évangéliques, 1965, p. 40-55.

12.28,30, et après avoir pris tout le chapitre 13 pour enseigner l'importance suprême de l'amour dans toute activité du chrétien, il prend une bonne partie du chapitre 14 pour montrer la valeur relativement minime – dans ce contexte – même du véritable don des langues, ainsi que les problèmes qu'il peut créer dans l'Église.

Si quelqu'un avait le véritable don de guérir aujourd'hui

Vous êtes-vous jamais arrêté à penser à ce qui se produirait si tout à coup quelqu'un recevait aujourd'hui le même don de guérir que celui qu'avaient le Seigneur et les apôtres ? Les gens n'ont pas fondamentalement changé depuis l'époque biblique, excepté peut-être qu'il y a parmi eux un plus grand nombre de sceptiques. Mais comme nous l'avons vu, les véritables miracles sont incontestables, même pour le pire des sceptiques. La seule chose qui soit vraiment différente aujourd'hui, c'est la rapidité d'information et de déplacement que permettent les moyens de communication modernes. Mettons donc, en imagination, les réactions qui se produisaient aux temps bibliques, dans le contexte de nos moyens de communication, et voyons ce que cela donne.

Nous sommes mercredi après-midi. Le prédicateur est au marché. Il voit un homme dans une chaise roulante, déformé par la maladie. Il entame la conversation avec lui, pour mieux le connaître ou pour lui exprimer un peu d'amitié. Puis il lui dit : « Écoutez, j'aimerais faire quelque chose pour vous. Au nom de Jésus, levez-vous et marchez ! » Instantanément l'homme sent la transformation dans son corps. Il se lève, et se met à sauter de joie sur place en criant :

« Je suis guéri ! Je suis guéri ! » Si le prédicateur réussit à s'éclipser avant que la foule ne se rassemble, lorsqu'il arrive ce soir-là à l'église pour la réunion de prière, il ne peut pas entrer. La rue est noire de monde, des malades et des bien portants. La presse est là. La télévision est là. Point n'est besoin de payer pour annoncer dans les médias les guérisons qui vont avoir lieu, ou qui ont eu lieu, à telle ou telle grande réunion. Les véritables guérisons n'avaient pas besoin de publicité du temps de Jésus et des apôtres, et elles n'en auraient toujours pas besoin aujourd'hui – le bouche à oreille serait suffisant.

Le prédicateur est finalement obligé de parler du seuil de l'église. Mais lorsqu'il parle, s'il fait comme les apôtres, il ne parle pas de guérisons et de miracles. Il prend plutôt le cas de l'homme qui a été guéri comme un tremplin pour un message sur le pardon des péchés par le sang de Jésus-Christ (comp. Ac 3.12-26). C'est là le plus important des miracles, la plus grande des guérisons.

Une telle prédication est différente de celle qu'on entend de la part de certains prédicateurs aujourd'hui. Ils ne prennent pas toujours un cas de guérison comme un point de départ pour un message de salut par le sang de Jésus-Christ, comme le faisaient les apôtres. La plupart du temps, ils prêchent tout simplement la guérison, un point c'est tout. Ils font un long discours sur les miracles qui peuvent se produire lorsqu'on a « la foi ». Puis, lorsqu'ils ont bien excité l'état d'expectative, ils offrent la guérison du corps. Et si à la fin du message ils font un appel pour convier les gens à venir à Christ pour leur salut, ils ont souvent très peu expliqué pourquoi l'âme doit se tourner vers Jésus, et ce qu'est le salut – à part d'un don de Dieu.

Au premier abord, on croirait qu'un pasteur aimerait avoir le don des guérisons, et que ce don serait bénéfique pour la prédication de l'Évangile. Mais le serait-il vraiment ? Pendant combien de temps est-ce que la foule assemblée devant l'église écouterait la prédication avant que quelqu'un ne crie : « Fais un miracle ! » Notre prédicateur pourrait tout au plus obtenir qu'on attende la fin de son message. Si alors il faisait quelques guérisons, la télévision les enregistrerait. Tout cela passerait le soir même au dernier journal télévisé de la ville la plus proche ; le lendemain sur la chaîne nationale ; et au plus tard le surlendemain sur les chaînes du monde entier. Imaginez maintenant l'effet, si quelques journalistes avaient eu l'idée – et ils l'auraient certainement eue – de demander aux personnes guéries de maladies visibles, des photos prises quelques temps auparavant et les montrant dans leur chaise roulante, avec leurs béquilles ou avec leur chien guide ! Tous ceux qui auraient été guéris seraient fiers de passer à la télévision pour accorder des entrevues à toutes sortes d'émissions.

Assez curieusement tout juste après avoir terminé d'écrire cette phrase, je me suis levé pour me faire une tasse de café, comme je le fais parfois lorsque je veux mettre de l'ordre dans mes idées. Je me suis assis avec ma tasse, et j'ai machinalement allumé la télévision. Or justement, un talk-show était en cours sur le sujet... des miracles. Il y avait là toutes sortes de gens : des catholiques, des orthodoxes, des protestants (y compris des évangéliques), et même une femme rabbin, et un non-croyant. Tout a été abordé : les Vierges qui pleurent, le visage de Jésus apparu sur une tortilla mexicaine, les chapelets changés en or, les guérisons miraculeuses, les gens terrassés par l'Esprit, etc. Deux choses frappaient. Premièrement : c'est qu'il semble que peu importe en quoi les gens mettent leur foi – en Christ, en Marie, ou en aucun des deux –, et peu importe que ce qu'ils croient soit juste ou non, s'ils ont un vague sentiment

chaleureux envers Dieu, il leur fait voir des miracles. Deuxièmement : c'est que dès que le sceptique a soulevé la question d'un examen honnête des faits, on l'a rabroué. Il a rapporté tous les cas qu'il a pu examiner de près avec le groupe
d'enquêteurs dont il fait partie et qui se sont avérés fraudu-
leux. Un théologien catholique présent lui a cité Matthieu
13.58, en lui disant que Jésus n'avait pas fait de miracle
dans sa propre patrie parce qu'on n'y avait pas de foi. C'est
là la réponse typique de ceux qui crient tout le temps au
miracle. Mais, premièrement : le texte dit que « Jésus ne fit
pas beaucoup de miracles » – il en a donc fait. Deuxièmement : même si cela pourrait expliquer pourquoi l'incrédule
ne voit pas de miracles dans sa propre vie, il n'est pas question dans ce texte de miracles visibles véritables dont un
non-croyant aurait ensuite réussi à prouver la fausseté. Cela
ne s'est jamais produit dans la Bible ; cela ne se produit pas
avec de véritables miracles visibles.

J'ai vu récemment plusieurs émissions sur le même sujet. Dans l'une d'elles, on avait invité deux non-croyants
qui, pour faire une expérience, s'étaient lancés dans des campagnes de guérisons, et qui avaient « guéris » et « terrassés
par l'Esprit » autant de personnes que n'importe quel prédicateur évangélique spécialisé dans ce genre de choses. Quelles que soient les autres conclusions qu'on puisse tirer, il en
est au moins une qui est évidente : les miracles, véritables
ou faux, attirent les gens.

Oui, on viendrait de partout à l'église où œuvre le prédicateur guérisseur. N'oublions pas que les foules qui venaient vers Jésus ou les apôtres, constituaient tous ceux que
les moyens de communication de l'époque pouvaient infor-
mer et amener sur place. Les moyens modernes sont immensément plus grands. Il y a quelque temps les chaînes de
télévision canadiennes – françaises et anglaises – ont fait

Si quelqu'un avait le véritable don de guérir aujourd'hui

un reportage sur une église située près de l'aéroport de Toronto, au Canada, où des gens se roulent par terre en riant,
censément sous l'influence du Saint-Esprit, et où on prétend qu'il y a eu quelques guérisons de maladies dont on ne
voit pas l'effet extérieur. Le phénomène a commencé dans
cette Église en janvier 1994. Il y avait alors 200 membres
locaux à la réunion. Pour la réunion anniversaire, en janvier
1995, 4000 personnes étaient présentes. James A. Beverley,
un observateur qui a quelque sympathie pour le mouvement,
a écrit durant l'automne 1995 : « Certaines compagnies aé-
riennes offrent des prix réduits à ceux qui veulent aller à
Toronto pour les réunions de réveil qui s'étalent du mardi
au vendredi [..] Habituellement, on trouve de 500 à 1000
personnes de tous les coins du globe aux réunions qui du-
rent de quatre à cinq heures [...] Avec deux médecins, j'ai
examiné trois des cas les plus cités de guérison divine. L'état
de Sarah Lilliman a subi une grande amélioration, mais pas
de l'ordre que prétendent les conducteurs de l'Église de l'aéroport. L'histoire d'un homme qui aurait été instantanément
guéri du cancer a plus tard été discréditée par un rapport
médical à l'effet que le cancer était toujours présent chez
lui. Le cas qui est le plus fascinant et qui offre le plus d'espoir est celui de deux jeunes filles qui auraient été guéries
de leur dyslexie ; mais le verdict final dépend de tests médicaux précis qui n'ont pas encore été conduits.[1] » La « béné-
diction de Toronto » est maintenant connue dans le monde
entier. Imaginez ce qui se passerait si des paralytiques res-
sortaient de cette Église en poussant leur chaise roulante ou
en portant leurs béquilles, ou que des aveugles recouvraient
la vue et des muets la parole.

Il est certain que si le Seigneur donnait à l'un de ses
serviteurs le don des miracles ou des guérisons, il faudrait

---

1. « Toronto's Mixed Blessing », *Christianity Today*, 11 septembre
1995.

171

qu'il lui donne également une énorme dose de sagesse ; car celui qui aurait l'un de ces dons aurait l'impression de tenir un tigre par la queue. Dans le cas de notre prédicateur guérisseur, dès le premier soir, on le suivrait partout. Malades, curieux et médias camperaient devant chez lui en espérant être guéris ou être témoins d'une guérison. Probablement qu'on ferait comme avec les apôtres dans Actes 5.15 et 19.12. Le prédicateur serait lui-même invité à toutes sortes d'émissions télévisées. Mais on l'inviterait aussi à visiter les hôpitaux – en lui disant que quelqu'un qui a un tel pouvoir ne peut pas refuser. Tout d'abord, il répondrait joyeusement à toutes les invitations, les considérant comme un témoignage à Jésus-Christ. Mais il s'apercevrait bien vite qu'il n'y a pas de fin à ça, et qu'il n'a plus le temps de faire autre chose. Imaginez maintenant la situation s'il avait ressuscité au moins un mort !

Si vous trouvez que j'exagère, permettez-moi de vous le répéter : tous les guérisseurs de la Bible, y compris Jésus et les apôtres étaient limités par le manque de moyens. Il n'y avait pas d'énormes hôpitaux bourrés de malades. Il fallait longtemps aux nouvelles, aux guérisseurs et aux malades pour aller loin. Il y avait une limite au nombre de malades qu'on pouvait amener en une seule fois aux guérisseurs (même si parfois la foule était déjà énorme). Une fois la séance de guérisons terminée, ils pouvaient prêcher. Aujourd'hui, nous habitons un « village planétaire », les nouvelles voyagent rapidement ; et ce ne serait pas beaucoup plus long pour le guérisseur ou les malades. Récemment, on a montré plusieurs fois à la télévision l'afflux de visiteurs du monde entier aux lieux de résidence de guérisseurs « spirituels » pourtant situés dans des coins perdus de différents pays. À quelques reprises, on est venu chercher Jésus (Jn 4.46,47 ; 11 ; etc.) ou un des apôtres (Ac 8.36-38) pour qu'ils aillent faire une guérison ailleurs. Mais c'est du monde entier qu'on viendrait chercher notre prédicateur guérisseur. On lui demanderait d'aller dans les pays étrangers qui sont éprouvés par des épidémies, des guerres et des famines. Il se trouverait bien vite devant une espèce de chaîne sans fin de malades qui défileraient devant lui jour et nuit.

Mais notre guérisseur serait également jugé par tous, et à notre époque de pluralisme religieux, s'il osait interrompre son travail de guérison pour prêcher l'Évangile, on le traiterait bien vite d'hypocrite qui n'a pas d'amour véritable, et qui ne cherche vraiment qu'à convertir les gens à sa religion. On le critiquerait parce qu'il tire avantage du don que lui a fait le Dieu de tous les hommes, quelle que soit leur religion, pour attirer les gens à sa religion particulière.

Oui, je suis convaincu que c'est comme ça que les choses se passeraient aujourd'hui si quelqu'un avait véritablement le don de guérir. Je le répète : les gens d'aujourd'hui ne sont pas différents de ceux des temps bibliques, mais les moyens de communication modernes créeraient une situation incontrôlable. Notre prédicateur voudrait exercer son don de guérison, mais il serait constamment frustré par le fait que c'est cela, et non la prédication de la Parole de Dieu qui attire les gens. Oh ! Il y aurait peut-être des milliers, ou même des millions de conversions à « sa religion » – même s'il ne prêchait pas lui-même. Mais combien de ces conversions seraient du même genre que celles qui se sont produites au moment où le christianisme est devenu la religion officielle de l'Empire romain, et où il est devenu avantageux d'être « chrétien ». C'est alors que le christianisme a commencé sa grande détérioration. Dans le monde d'aujourd'hui, où tant de personnes ont déjà transformé la prédication de la Parole de Dieu en offre d'une bonne affaire, plutôt qu'en un avertissement de la venue du jugement de Dieu, le pauvre prédicateur en viendrait bientôt à se consacrer entièrement à son don de guérison, en oubliant quel était son véritable appel. Ou alors, il supplierait Dieu de lui ôter son don. Le pire, c'est que s'il faisait ce dernier choix, lorsqu'il l'annoncerait publiquement, certains l'accuseraient de mentir et de ne plus vouloir utiliser son don ; et d'autres de manquer totalement de cœur pour avoir fait une telle chose. Ni l'un ni l'autre ne seraient profitables au témoignage chrétien.

Je le répète, je suis convaincu que cette description d'événements imaginaires que je viens de faire est tout à fait en accord avec les possibilités qu'offrent les moyens de communication actuels. En fait, elle décrit probablement ce qui se passera lorsque viendront les faux christs et les faux prophètes, dont il est dit qu'« ils feront de grands prodiges et des miracles, au point de séduire, s'il était possible, même les élus » (Mt 24.24) ; et en particulier l'Impie, dont l'apparition « se fera par la puissance de Satan, avec toutes sortes de miracles, de signes et de prodiges mensongers, et avec toutes les séductions de l'iniquité pour ceux qui périssent parce qu'ils n'ont pas reçu l'amour de la vérité pour être sauvés » (2 Th 2.9,10). Il est aussi certain qu'en plus, ces gens-là n'auront pas de problèmes avec le pluralisme religieux, puisqu'ils seront plus que certainement syncrétistes : ils combineront « ce qu'il y a de bon dans toutes les religions » en une seule qui attirera tout le monde.

Appendice
3

Les dons et le ministère

J'ai mentionné dans mon introduction que les chrétiens ordinaires ne sont pas les seuls à ne pas être au clair sur la question des dons spirituels. J'ai aussi mentionné qu'après que j'avais commencé à mettre les choses sur papier, mon fils m'a passé un ouvrage dont l'auteur, George Barna, rapporte les résultats d'un sondage fait auprès de pasteurs américains, et nous dit que « près d'un quart de ces pasteurs avaient été incapables de dire quels étaient leurs dons spirituels [...] six pour cent d'entre eux n'avaient aucune idée de quels pouvaient être les leurs, et seize autres pour cent avaient inscrit des fonctions ou des talents qui ne sont aucunement des dons spirituels »[1].

Lorsqu'on lit de telles affirmations, il faut vraiment en rire pour ne pas en pleurer. Les Écritures sont-elles vraiment si vagues sur les fonctions des pasteurs (bergers) ? Certainement pas ! Pourtant, selon Barna, seulement 52 pour cent des pasteurs disaient avoir le don d'enseigner, et seulement 12 pour cent celui de pasteur (berger). Donneriez-vous votre voiture à réparer à un mécanicien qui ne sait pas

---

1. George BARNA, *Today's Pastor [Le pasteur d'aujourd'hui]*, Ventura, Ca, Regal Books, 1993, p. 121.

lui-même s'il en est capable ? Accepteriez-vous de subir une intervention chirurgicale dans un hôpital où seulement un chirurgien sur huit se dit doué pour la chirurgie ? Comment une telle situation peut-elle exister parmi les « pasteurs » ?

Je pense qu'une partie du problème est le résultat de la façon dont on devient pasteur aujourd'hui. On devient pasteur comme on devient médecin ou avocat. On décide de la profession qu'on veut exercer, puis on poursuit les études qui y conduisent. C'est la même chose pour toutes les professions... y compris celle de pasteur.

Il est grand temps que nous regardions de plus près la façon dont les choses se faisaient au début de l'Église. Paul dit à Timothée : « Et ce que tu as entendu de moi [...] confie-le à des hommes fidèles, qui soient capables de l'enseigner aussi à d'autres » (2 Ti 2.2). Étant donné tout ce que Paul a enseigné sur le fonctionnement de l'Église locale et du ministère, il est évident que Paul parle ici d'hommes qui ont *déjà* prouvé qu'ils étaient fidèles et, très probablement, capables de transmettre de la connaissance.

Puisque tous les chrétiens recevaient de l'enseignement, il est aussi évident que Paul parle dans ce passage d'un enseignement plus profond, plus concentré, qu'il faut donner à des hommes qui vont devenir les conducteurs de leur Église. Il n'existait pas d'école biblique ou de séminaire à cette époque. Cet enseignement était donc l'équivalant de ce qu'on recevrait dans de telles institutions aujourd'hui. (Je n'entrerai pas ici dans une discussion à l'effet de savoir si les futurs ouvriers du Seigneur doivent recevoir leur formation dans des institutions spécialisées ou dans leur propre Église : ce n'est pas le sujet dont je veux parler.) Ce dont je veux parler, c'est du fait que ce verset fait allusion à des personnes qui ont *déjà manifesté* leurs dons. Ce sont des hommes dont les dons ont *déjà été reconnus*, par eux-mêmes et par les autres – en particulier par les conducteurs de leur Église. Ce sont ces hommes-là qui devraient recevoir un enseignement supplémentaire (dans une institution spécialisée ou ailleurs). De cette façon, il est certain qu'ils sauraient pour quoi ils sont doués à leur sortie de l'école biblique ou du séminaire. Une Église pourrait alors choisir un pasteur, non pas sur la base de la capacité qu'il a pour convaincre le comité de direction qu'il est l'homme qu'il leur faut, mais plutôt sur celle de renseignements obtenus de l'Église où il s'est développé spirituellement. Son diplôme ne serait qu'une confirmation qui garantit qu'il a une certaine connaissance des Écritures. Les hommes et les femmes qui sont plutôt doués pour l'évangélisation, ou pour l'enseignement personne à personne, etc., et qui ont également étudié pour approfondir leur connaissance des Écritures, chercheraient, eux, la place où ce sont leurs dons particuliers qui sont requis.

Cela nous amène à la deuxième partie du problème. Le mot « pasteur » ne signifie pas aujourd'hui ce qu'il signifie dans le Nouveau Testament. Il est devenu un mot passe-partout qui désigne quelqu'un qui a fait certaines études et qui a reçu un certain diplôme. Il ne garantit pas la présence de certains dons particuliers. C'est simplement ce qu'on devient lorsqu'on a fait des études théologiques.

Or, je me souviens du temps où j'étais à l'école biblique, et je sais que si vous faisiez un sondage parmi ceux qui poursuivent leurs études théologiques, vous découvririez que certains sont très bons pour parler du Seigneur seul à seul, mais qu'ils ne feront jamais de bons prédicateurs. Certains sont capables de gagner des âmes par leur prédication, mais ne pourront jamais donner un enseignement solide. Certains ont une merveilleuse capacité d'exposer les Écritures de façon à ce que tout le monde les comprenne, mais n'ont pas en eux ce qu'il faut pour faire tout seuls du travail pastoral. Certains sont de véritables bergers, et savent enseigner... une personne à la fois, mais pas un auditoire. Certains sont des bergers qui savent également prêcher. Et il existe toutes sortes d'autres combinaisons.

Ces différences ne devraient pas nous surprendre. Lorsqu'on lit tout ce que le Nouveau Testament dit sur les dons spirituels, on voit que c'est de cette façon que le Saint-Esprit les distribue. Le problème vient d'une mauvaise compréhension trop répandue du fonctionnement de l'Église. Selon ce point de vue, tous ceux qui veulent exercer un ministère à temps plein sont envoyés aux études pour être formés dans un moule unique, celui de pasteur. En effet, c'est là la seule espèce d'ouvrier à temps plein que la plupart des groupements d'Églises veulent, même pour commencer de nouvelles Églises. Il n'est pas surprenant que certains faillissent à la tâche. Ils essaient de faire un travail pour lequel ils ne sont pas doués. Beaucoup d'entre eux feraient un apport merveilleux à bien des Églises... si on leur demandait de faire l'œuvre pour laquelle le Seigneur les a vraiment doués. Bien sûr, dans de petites Églises, où ils ne seraient pas *le* pasteur, cela peut signifier qu'ils auraient à exercer aussi un métier pour arriver à joindre les deux bouts.

Mais pourquoi pas ? Rien dans l'Écriture ne donne l'impression qu'un ministère, quel qu'il soit, y compris celui d'ancien-évêque-pasteur, ne peut s'exercer qu'à temps plein et que contre rémunération. Je crois que seuls ceux qui ont d'abord fait leurs preuves devraient exercer un ministère à temps plein rémunéré. Howard A. Snyder a bien raison d'écrire :

> « La communauté chrétienne devrait fournir un appui monétaire complet ou partiel à ceux qui ont démontré qu'ils possédaient un don-ministère. Nous

devrions nous libérer de l'idée que seulement et automatiquement le pasteur doit recevoir un plein salaire, et penser plutôt en termes de tous les ministères charismatiques qui existent dans la communauté chrétienne. Si celle-ci utilise quelqu'un à temps plein ou à temps partiel, ce devrait être quelqu'un dont le ministère est devenu tellement important pour la vie et pour le témoignage de l'Église, que celle-ci décide de le soutenir pour qu'il ait tout le temps nécessaire pour exercer son ministère. Les ministères soutenus financièrement peuvent être le pastorat, l'évangélisation, le travail missionnaire, social ou autre, selon la vie, les besoins et les occasions de ministère de la communauté chrétienne particulière[2]. »

En d'autres mots, le ministère payé, à temps plein ou à temps partiel, de quelque sorte qu'il soit, est pour ceux qui en sont arrivés au point où il est évident pour tous que leur continuation dans un autre emploi les empêche d'utiliser leurs dons spirituels aussi pleinement qu'ils sont capables de le faire. C'est en parlant d'anciens-évêques-pasteurs qui sont dans ce cas-là, que Paul dit qu'ils méritent un salaire (1 Ti 5.17).

Ce passage de 1 Timothée parle *d'anciens* (au pluriel), et cela soulève deux autres points. Premièrement, on ne trouve pas d'Église dans le Nouveau Testament dirigée par un pasteur unique. Le gouvernement normal des Églises néotestamentaires était un collège d'anciens. Ensuite, bien que ce soit le plus employé aujourd'hui pour désigner un conducteur d'Église, le terme *pasteur* (qui signifie *berger*) ne l'est presque jamais dans le Nouveau Testament. On le

2. *Liberating the Church*, Downers Grove, InterVarsity Press, 1983, p. 158.

trouve, comme nous l'avons vu, dans Éphésiens 4.11, mais là seulement (quoiqu'on puisse le déduire de 1 Pierre 5.4). Les conducteurs de l'Église locale sont appelés *anciens* (1 Ti 5.17 ; Tit 1.5 ; Ja 5.14 ; 1 Pi 5.1,5) ou *évêques* (*surveillants*) (Ph 1.1 ; 1 Ti 3.1,2 ; Tit 1.7). Une comparaison des versets 17 et 18 d'Actes 20 avec le verset 28 du même chapitre, et du verset 5 de Tite 1 avec le verset 7, montre que les deux termes désignaient les mêmes hommes. De plus, nous voyons dans Actes 20, que ce sont les *anciens* (v. 17,18), appelés aussi *évêques* (v. 28) qui font le travail *pastoral* (v. 28) ; et cela est confirmé par Pierre dans sa première épître (5.1-4).

Je crois que l'usage qui prévaut, d'utiliser le terme *pasteur*, complique encore la situation. Les deux termes habituellement utilisés dans les Écritures, *ancien* et *évêque*, sont des extensions de leur sens original, tandis que *pasteur* est une métaphore. Je m'explique. Le terme *ancien* est presque aussi vieux que le monde. Le gouvernement par des anciens est le gouvernement le plus logique. Ce sont ceux qui sont déjà passés par une région qui sont le plus à même d'y guider les autres. Et la même chose est vraie lorsqu'il est question de guider les autres au travers des étapes de la vie. Le gouvernement par les anciens est la plus ancienne forme de gouvernement, et on le retrouve dans les sociétés les plus primitives. Lorsque Dieu a envoyé Moïse pour la première fois au peuple d'Israël – avant même qu'il ne leur donne des lois –, c'est à ses anciens qu'il l'a envoyé (Ex 3.16). Beaucoup plus tard, lorsque durant la déportation est née la synagogue, ce sont ses anciens qui l'ont dirigée. Et lorsque l'Église est née, elle a tout naturellement adopté cette même forme de gouvernement. Les anciens sont donc des chrétiens qui en conduisent d'autres dans des « domaines » de la vie chrétienne *qu'ils ont déjà explorés eux-mêmes*. Cela demande plus que les capacités de jeunes diplômés en théologie qui prennent pourtant souvent la direction d'Églises[3]. Pour des raisons dans lesquelles nous n'entrerons pas, les Églises composées de Gentils ont préféré le terme *évêque*. Les évêques qu'ils avaient connus étaient des magistrats ou des officiers du gouvernement qui avaient reçu une charge d'administration officielle[4].

Dans le cas des mots *ancien* et *évêque*, nous avons donc une simple extension du sens original. Remarquez que les anciens et les évêques sont de la même nature que ceux qu'ils gouvernent. Un de ceux qui est gouverné par eux peut éventuellement devenir l'un d'eux, s'il remplit les conditions nécessaires. Dans le cas du mot *pasteur*, par contre, qui signifie *berger*, il s'agit d'une métaphore. Ce n'est que dans un sens restreint que le pasteur est un berger, et les croyants des brebis. Il est évident qu'un vrai berger n'est pas de la

---

3. Cette situation est particulièrement aiguë dans des pays comme les États-Unis, où un jeune pasteur peut, en commençant par la maternelle, n'avoir fréquenté que des établissements d'éducation chrétiens avant d'entrer à la faculté de théologie. Comment un tel homme peut-il exhorter les chrétiens sur la façon de se conduire dans un milieu de travail où on entend jurer et raconter des histoires salaces à longueur de journée, où on risque son job si on refuse de faire certains travaux – comme ce fut mon cas –, ou bien si on insiste pour ne rien faire de malhonnête. Il n'a aucune idée de ce que c'est que de vivre dans le monde comme n'étant pas du monde. Il n'a aucune expérience de la vie telle qu'elle est pour beaucoup de membres de son Église. Il n'est pas surprenant qu'il n'ait pas grande crédibilité auprès de certains d'entre eux.

J'ai déjà entendu des évangéliques rire lorsqu'un jeune curé appelait une vieille paroissienne : « ma fille ». On rit aussi lorsque deux tout jeunes mormons sonnent à notre porte et se présentent comme « les *anciens* X et Y ». Peut-être que si nous appelions plutôt nos pasteurs par le terme plus biblique d'*anciens*, nous verrions le ridicule de certaines de nos propres situations.

4. Voir le *Nouveau Dictionnaire Biblique*, Éditions Emmaüs, 1992, sous le mot *ancien*, la remarque sur *episkopos* (p. 73, col. de dr.).

même nature que ses moutons. Personne ne s'attend à ce qu'un mouton devienne un jour un berger. J'ai donc bien l'impression que l'utilisation de cette métaphore renforce l'idée d'une différence clergé-laïques qui existe dans beaucoup d'Églises. Bien sûr, un membre d'Église peut devenir pasteur... s'il est assez jeune, assez instruit et assez libre pour suivre des cours de théologie dans un établissement spécialisé.

Ce n'est pas comme ça que les choses se passaient dans l'Église primitive. Un apôtre, et plus tard un évangéliste, arrivaient quelque part et fondaient une Église. Ils instruisaient ceux qui étaient sauvés, et leur apprenaient à reconnaître les dons qu'ils avaient reçus du Seigneur et à les exercer. Les hommes qui étaient suffisamment mûrs, humainement et spirituellement, et qui avaient montré qu'ils possédaient les dons nécessaires, recevaient alors l'enseignement supplémentaire dont Paul parle à Timothée. Ce sont ces hommes-là qui devenaient les anciens-évêques-pasteurs qui collectivement dirigeaient l'Église locale.

Il ne fait aucun doute qu'on résoudrait plusieurs des problèmes du ministère dont G. Barna parle dans son ouvrage, si on suivait la progression suivante pour entrer dans le ministère :

1. Le chrétien manifeste ses dons particuliers dans son Église locale, et la reconnaissance de ces dons par l'Église locale est requise avant qu'il ne recherche une formation plus poussée.

2. Il reçoit alors une formation qui tient compte des dons particuliers qu'il possède (dans un établissement spécialisé ou ailleurs).

3. On lui confie alors un ministère en accord avec ses dons particuliers, non pas sur la base de son diplôme, mais sur celle du témoignage de son Église originale, et de celle

qu'il fréquentait durant ses études, si c'en est une autre. Bien sûr, le témoignage de l'institution où il a étudié (s'il en a fréquenté une) est également important – peut-être même plus que le diplôme qu'elle lui a décerné.

Puisque notre sujet n'est pas le gouvernement de l'Église, mais les dons, nous n'entrerons pas dans la question d'un pasteur principal, comme il y en a dans certaines Églises importantes – en Amérique du Nord tout au moins. Mais ce qui est important et relié à notre étude, c'est que même s'il y a certains dons que tous les pasteurs-anciens devraient posséder, il y en a d'autres qu'ils ne possèdent pas nécessairement tous. La pluralité d'anciens dans l'Église locale permet alors la compensation de l'absence d'un de ces dons chez l'un des membres du groupe, par sa présence chez un autre, et vice-versa. Lorsque ceux qui sont doués comme pasteurs-anciens travaillent comme une équipe, où chacun d'eux rend des comptes aux autres, et où tous se soutiennent les uns les autres, cela évite un grand nombre de problèmes.

Au sujet des évangélistes

Nous avons dit dans les chapitres 1 et 2 que ce sont les évangélistes et les pasteurs-docteurs qui font aujourd'hui la partie encore nécessaire du ministère des apôtres et des prophètes. Je crois que c'est de cette façon que la majorité des Églises évangéliques voient les choses. Si cette façon de voir est juste, il nous faut réexaminer, non seulement notre conception de ce qu'est un pasteur – comme nous l'avons dit plus haut –, mais également celle que nous avons d'un évangéliste. S'il est vrai que le terme « pasteur » est souvent utilisé comme un terme passe-partout pour désigner quelqu'un dans le ministère, il est également vrai qu'on envoie parfois des hommes pour fonder de nouvelles Églises sans avoir vérifié s'ils ont les dons nécessaires. Cela se produit aussi bien dans les regroupements d'Églises qui appellent tous leurs ouvriers à temps plein « pasteurs », que dans ceux qui font la distinction entre « pasteurs » et « évangélistes ».

Si un évangéliste doit faire le travail que faisait un apôtre, il doit donc être capable, premièrement, d'amener les âmes à Christ, et, ensuite, de les enseigner, d'établir dans la foi les Églises qu'il fonde, et de former ceux qu'il désignera ensuite comme anciens – comme l'ont fait les apôtres. C'est lui, qui va devoir confier « à des hommes fidèles, qui soient capables de l'enseigner aussi à d'autres » les choses qu'il a lui-même entendues.

Bien que tous les anciens doivent être capables d'enseigner, on semble être d'accord qu'ils n'ont pas tous besoin d'être des orateurs qui savent le faire de la plateforme. Cela signifie évidemment qu'il y aura une différence entre eux dans certains aspects de leur ministère. Il semble que nous devrions peut-être également faire une différence entre un évangéliste, et ce qu'on pourrait appeler un évangéliste « missionnaire ». Après tout, nous ne devons pas être trop rigides dans notre conception des dons si nous voulons vraiment qu'on connaisse « par l'Église la sagesse infiniment variée de Dieu ». Cependant, même si nous admettons que le même don peut se manifester de différentes façons, nous avons quand même la responsabilité de nous assurer que ceux à qui nous confions une tâche sont qualifiés pour l'accomplir.

Pour ce qui est d'amener des âmes à Christ, c'est une chose d'amener des membres de sa famille, des amis, des compagnons de travail, des clients, etc., et c'en est une autre que d'amener des étrangers dans une région qu'on ne connaît pas. Dans le premier cas, il s'agit d'avoir un témoignage vécu et parlé auprès de gens qu'on connaît, et avec lesquels on a, par la force des choses, des contacts réguliers. Dans le deuxième cas, il s'agit d'entrer en contact avec des gens qu'on ne connaît pas, et de qui on n'est pas connu. Une fois qu'on est dans le ministère à temps plein, on n'a plus de contacts automatiques avec qui que ce soit. On doit établir des contacts. Certains qui excellent dans la première situation, sont incapables de quoi que ce soit dans la seconde, à moins qu'il n'y ai déjà sur place quelques chrétiens au témoignage actif. On devrait certainement savoir quelles sont les capacités particulières de celui qu'on veut envoyer.

Puis, en ce qui concerne les capacités d'enseignement de l'évangéliste, il arrive qu'on envoie comme « missionnaire » évangéliste quelqu'un qui a la capacité d'amener les âmes au salut, mais pas beaucoup plus. Si un pasteur-ancien qui ne sait pas enseigner de la plateforme est obligé de le faire, ce n'est peut-être pas là la meilleure des situations : la prédication ne vaudra pas grand chose. Mais au moins, si son enseignement en tête-à-tête est bon, il y aura compensation. Mais si quelqu'un qui sait à peine plus que comment amener les âmes à Christ est à la tête d'une Église, c'est catastrophique.

Il est évident qu'à certains évangélistes, on ne devrait confier qu'un travail d'évangélisation dans le contexte d'une Église déjà existante (même à temps plein, pourquoi pas ?), ou tout au moins sous le contrôle de celle-ci, afin que les anciens puissent contribuer à fortifier spirituellement l'Église « fille ». Il est possible que certains ne pourront toute leur vie faire d'autre évangélisation que celle-là. D'autres, peuvent commencer de cette façon, et une fois qu'ils ont démontré qu'ils ont les autres capacités, on peut les envoyer comme évangélistes « missionnaires ». Envoyer quelqu'un qui est insuffisamment qualifié, c'est courir au désastre.

Il est intéressant de constater que le seul cas rapporté dans le Nouveau Testament d'hommes envoyés faire un ministère au loin sans supervision aucune est celui de Paul et Barnabas. En plus du fait qu'ils soient partis à deux, il y a celui qu'ils n'étaient pas deux débutants « avec un grand potentiel » que Dieu a appelés pour qu'ils aillent au loin faire une œuvre sous sa **seule** surveillance, mais deux ouvriers bien établis de l'Église d'Antioche, peut-être même ses deux principaux piliers (Ac 11.22-26). Pour ce qui est de débutants avec un grand potentiel, tels que Marc, Timothée, Tite et Silas, aucun d'eux n'est « parti » en mission. Chacun d'eux a été plutôt « emmené » par un ouvrier chevronné qui l'a, en quelque sorte, choisi comme Jésus a choisi ses disciples (Marc : Ac 12.12,25 ; Timothée : Ac 16.1-3 ; Tite : Ga 2.1 ; Silas : Ac 15.22,34,40)[5].

---

5. Voici ce que dit Gene Getz sur la question : « En général, je recommande aux hommes jeunes (surtout s'ils ont moins de trente ans) de rechercher des postes d'assistant où, pendant plusieurs années, ils pourront aider un dirigeant spirituel plus âgé et plus expérimenté » (Gene A. Getz, *Redécouvrons l'Église locale*, Montréal, Éditions SEMBEQ, 1997, p. 180,181).

Table des matières

« **Publications Chrétiennes inc.** » est une maison d'édition québécoise fondée en 1958. Sa mission est d'éditer ou de diffuser la Bible ainsi que des livres et brochures qui en exposent l'enseignement, qui en démontrent l'actualité et la pertinence, et qui encouragent la croissance spirituelle en Jésus-Christ.

PUBLICATIONS
C H R É T I E N N E S

Pour notre catalogue complet :
www.publicationschretiennes.com

Publications Chrétiennes inc.
230, rue Lupien, Trois-Rivières, Québec, CANADA – G8T 6W4
Tél. (sans frais) : 1-866-378-4023, Téléc. : 819-378-4061
commandes@pubchret.org